教师教育国家级精品资源共享课“教师语言”教材

教师语言技艺

第二版

张祖利　路　杨　王丽丽 | 编著

山东人民出版社·济南
国家一级出版社　全国百佳图书出版单位

图书在版编目（CIP）数据

教师语言技艺 / 张祖利，路杨，王丽丽编著. --2版. -- 济南：山东人民出版社，2022.12

ISBN 978-7-209-14196-3

Ⅰ. ①教… Ⅱ. ①张… ②路… ③王… Ⅲ. ①教师 - 语言艺术 Ⅳ. ①G42

中国版本图书馆CIP数据核字（2022）第233803号

教师语言技艺 **第二版**

JIAOSHI YUYAN JIYI

张祖利 路杨 王丽丽 编著

主管单位 山东出版传媒股份有限公司

出版发行 山东人民出版社

出 版 人 胡长青

社　　址 济南市市中区舜耕路517号

邮　　编 250003

电　　话 总编室（0531）82098914

市场部（0531）82098965

网　　址 http://www.sd-book.com.cn

印　　装 山东新华印务有限公司

经　　销 新华书店

规　　格 16开（169mm×239mm）

印　　张 9.75

字　　数 158千字

版　　次 2019年10月第1版

2022年12月第2版

印　　次 2022年12月第1次

ISBN 978-7-209-14196-3

定　　价 29.00元

本书参与编著者： 耿文静　赵姗姗　张丽萍　赵　瑜
王　芳　周　静　孙其香　刘雁玲

目 录

第一章
教师语言概说

教师语言是指教师在教育、教学过程中的工作用语。教师语言主要包括教学口语和教育口语，也包括与教学、教育相关的工作用语。由于职业内涵和形式的不同，各行各业形成了各具特色的职业口语。对于以“言传”为突出特征的教师职业而言，语言表达的重要性自不待言，其语用特征也极为鲜明。

第一节　教师语言的特征

教师语言是交际口语的一种类别，它具备交际口语的一般特征。教师与学生的相识要借助语言，教师与学生的沟通要依靠语言，教师对学生的行为要求要凭借语言，教师对学生的知识传授和能力培养更离不开语言。但与一般交际口语相比较，教师语言又有鲜明的特点。

一、教师职业的特点与教师语言的特征

教师是人类灵魂的工程师，从事的是培养人、教育人的崇高事业。了解教师职业的特点，需要从教师的职业对象、职业内容以及工作方式与其他职业的不同来说明。

(一)教师职业的特点

1. 从职业对象来说，教师的职业对象是活生生的人，是正在成长中的儿童和青少年。他们不仅具有主观能动性，而且千差万别。因此，教师的职业对象具有明显的复杂性。教师这个职业的目标是促进学生体力和脑力的发展，让他们获取知识、增长智慧、养成良好的品德，把每个学生培养成才。如果教师不研究学生成长的规律，不懂得教育的规律，不掌握正确的教育方法，那么其职业目标是很难实现的。

2. 从职业内容来讲，教师不仅要教书，而且要育人。教师要使学生的身心得到健康发展，把他们培养成有理想、有道德、有文化、有纪律的人。教育的内容很丰富，任务很繁重。教师不仅要有过硬的专业知识和专业能力，更要有立德树人的使命担当。

3. 教师的工作方式也与其他职业不同。对学生来说，教师是知识的传播者、智慧的启迪者、情操的陶冶者，他们用自己的知识、智慧、人格魅力去影响学生。正是教师职业的这一特点，要求教师做到“学为人师，行为世范”。教师的一言一行对学生来说都具有示范性。教师只有时时注意自己的言行，成为学生的表率，才能对学生产生积极的影响。

(二)教师语言的特征

教师这个职业特定的交际目的、特定的交际对象和特定的交际环境，决定了教师语言与其他交际口语的显著不同。教师语言主要有以下特征：

1. 规范性

教师是人类灵魂的工程师,青少年学生对教师怀有崇敬感和信任感,喜欢模仿教师的一言一行。因此,教师的言行时时刻刻都在影响、感染着学生。如果说教师的行为是无声的语言、有形的榜样,那么教师的语言就是有声的行为、无形的楷模。教师为人师表,口语的示范作用是“师表”的重要方面。因此,教师语言必须具有规范性,起到语言的正面示范效应。越是面对年龄小的学生,教师的语言越要具有规范性,因为这个年龄段的学生正处在语言习得阶段,模仿能力很强。因此,教师在语音、词汇、语法等方面必须做到合乎规范,为青少年学生的学习创造一个良好的语言环境。

教师语言的规范性主要包括两个方面的含义:

(1)教师必须运用国家宪法规定的“全国通用的普通话”进行教学和教育活动。

用普通话教学,就要熟练掌握普通话在语音、词汇和语法等方面的知识和技能,能讲流畅、准确的普通话。如果一位教师不会运用普通话教学,即使他妙语连珠,那么他的语言也不是规范化语言。教师的口语表达还要做到发音清晰,声音洪亮,语流通畅,语调自然、适度。

(2)教师的语言在遣词、造句方面应符合现代汉语的语法规范,避免用词不当、语句不通、说半截话、语义重复、颠三倒四等语病。

例如,某位教师讲道:“我国向太平洋预定海域发射的第一枚运载火箭获得了圆满成功。”句子的主干是“火箭获得成功”,主谓明显不搭配,应该是“发射火箭获得成功”,去掉原句中的“的”,句子就通顺了。

为了保持我们本民族语言的纯洁与健康,教师应起到语言示范作用,潜移默化地影响学生。

2. 科学性

教学和教育本身就是科学:一是要以科学的规律指导教学和教育;二是讲述的内容一定要科学,即正确无误。这两个方面构成了教师语言的科学性。如果失去了科学性,教师语言就失去了根本。

教师所教的各门学科,都是由科学知识构成的。科学知识必须用科学、规范的语言来表达。教师所讲的概念、原理、规则、结论等,都必须符合科学性要求,做到准确无误、完整周密,绝不允许出现知识性的错误。教授不同的学科,就要使用不同学科规定的术语、概念。例如,不能用“橘子皮”代替中药学里的“陈皮”,不能用“钱”代替经济学里的“货币”。

教师所使用的教育方法要科学。方法得当、说话得体,才会使学生心服口服。

[示例]某教师发现两个同学的作业字体一样,分明是出自一人之手,但又不明其中缘由,就在作业本上写道:"你们两个人的字写得都挺好,要比较一下到底谁的更好,再给成绩。"作业本发下去后,其中一个同学找到老师,说:"老师,我承认错误来了。他病了,我怕他不交作业影响成绩,就帮他抄了一遍。"老师说:"你是出于好心,为别人做好事,可以理解,不过……"老师说到这儿停住了。学生说:"老师,不用说了,我知道错了。"老师没有直接批评学生,而是用委婉的方式很巧妙地使学生明白了错误所在。

教师以言语形式、教学和教育方法的科学性给学生带来潜移默化的影响,这就是教书与育人的结合。

3. 针对性

教师语言的一个重要特征是针对性。教师必须针对不同的教育对象、教育内容和教育环境运用不同的语言,这便是"因材施教"。只有"因材施教",才能使教师的语言有的放矢,取得实效。

[示例]一位教师对三个不愿登台讲话的同学采用不同的动员和激励方式

对一个胆小、以"没准备"为借口而不愿上台的女同学,教师说:在没有准备的情况下登台,是一种自信;在没有准备的情况下敢于面对听众,是一种勇气;在没有准备的情况下说得不理想,可以理解;在没有准备的情况下说得很精彩,难能可贵。你愿意试一试吗?

而对一个腼腆、扭捏、自认为"不善言辞"的男同学,教师说:内秀的人不靠言辞取胜,靠的是他的真诚。我相信你有比一般言辞更能打动大家的实际想法。

对第三个性格倔强、冷冰冰地抛出"我说不好"的男生,教师说:具有谦虚美德的人,往往对自己要求过高,但绝不会让大家失望。请你说几句辞恳意切的心里话吧。

最后三个学生都登台发言,有的还讲得很不错。这位教师的成功之处就在于他能够因人而异,突出了教师语言的针对性。

教师在教育教学过程中,针对不同的学生,要有针对性地采取不同的语言形式,以求取得理想的效果。教师的语言不仅要因人而异,还要因教材内容而异,因环境场合而异,因时间变化而异。总之,要注意教师语言的针对性。

4. 教育性

教师的根本职责是教书育人。因此,作为主要教育手段的教师语言,其表达内容、表达形式都必然受到教育教学内容和目标的制约。教师的全部活动都体现着明确的教育目的,这就使教育教学过程中所有的语言信息都直接或间接地带有鲜明的教育性。

教师语言的教育性特征要求教师语言本身要健康、文明,有些教师为了增强语言的生动性,习惯运用一些难登大雅之堂的方言俚语,或讲些庸俗的笑话,这都是不应该的。

教师语言的教育性特征要求教师在教育过程中注意对学生进行思想品德教育,即把德育渗透到全部语言和实践中去。例如,一位小学教师在教学生“打”字时,有学生说:“是打人的打。”教师立即纠正说:“应该说是不打人的打,少先队员能打人吗?”

5. 审美性

教师语言比其他职业的语言更具美学价值,它的审美性体现在以下几个方面:

第一,教师语言应该是标准的普通话,声音洪亮而清晰,语言流畅而明快,具有语音美。第二,教师的讲话应形象生动、幽默风趣,能在遣词造句和修辞上显示出高超的艺术性,具有形式美;思想深刻,富有哲理,充实而又含蓄,具有内容美。第三,教师娴熟地运用机智的语言、完美的逻辑推导等,创设一种引人入胜的语境,因而具有语境美。第四,教师语言的导入新鲜有趣,衔接天衣无缝,节奏抑扬顿挫,结语耐人回味,构成流程美。第五,教师以姿态助说话,巧妙配合以态势语,字字含情,声声入耳,声、情、意并茂。这样的教师语言,才能既给学生以丰富的知识,又给学生以良好的审美感受。

[示例]许多具有艺术魅力的教师语言都是富于审美性的。上海特级教师于漪在讲《春》《海滨仲夏夜》《香山红叶》《济南的冬天》等一组写景散文时,设计了这样一段导语:

法国雕塑家罗丹说:“美是到处都有的,对于我们的眼睛,不是缺少美,而是缺少发现。”大自然中的美几乎是无处不在的。当然,大自然的美不同于巧夺天工的工艺美,不同于“绕梁三日”的音乐美,也不同于充满活力的青春之美。然而,大自然的美又似乎融合了所有的美,尤其是我们伟大祖国的锦绣河山,真是美得令人陶醉。今天我们要学一组文情并茂、描写四季景色的散文,来领略祖国大自然的美景。

[评析]这段导语通过恰当的词句和引用、排比、对照、夸张等修辞手段,表达了富于哲理的美学思想和热爱祖国大自然的美好情怀,烘托渲染了一种美的氛围,正与教材的风格相吻合。可以说,这段话无论内容还是形式都是美的。无怪乎她的学生说,听于老师的课是一种艺术享受。

审美性是对教师语言的高层次要求，每位教师都有义务追求这样的高层次。

二、小学教育的特点与小学教师语言的特征

（一）小学教育的特点

小学教育是义务教育的起始阶段，是整个教育事业的基础。要提高教育事业的整体质量，必须从小学教育抓起。小学教育是一项规模宏大的教育工程，不仅具有一般教育的特点，还有它自身独有的特点。

1. 全民性

小学教育的全民性，从广义上说，是指小学教育必须面向全体人民。这样，才能从根本上彻底扫除文盲，从整体上提高全民族的文化素质。从狭义上讲，是指小学教育必须面向全体适龄儿童。在社会主义新时期，我国的小学教育是全民教育，这是社会主义现代化建设、提高国民素质、使全国各民族的所有儿童都接受社会主义教育的要求。

2. 义务性

小学教育面向全体适龄儿童。任何未成年的公民，不论其种族、民族、性别、肤色、语言、社会经济地位的差异（智能及身体状况不允许的例外），只要达到一定的年龄（6～7 岁），都必须接受小学教育。因此，小学教育在整个教育体系中具有义务教育的性质。义务教育是国家用法律形式规定的对适龄儿童和青少年实施一定年限的普及的、强迫的、免费的学校教育。义务教育要求国家、家庭、社会必须给予保障。对受教育者来讲，义务教育既是应享受的权利，又是应尽的义务。

3. 全面性

小学教育是向儿童实施德、智、体、美、劳等全面发展的教育。小学教育既不是就业定向的职业技术教育，也不是培养高层次专门人才的专业教育。它是面对全体儿童实施普通的基础知识和基本技能的教育。在此基础上发展他们的能力，培养他们高尚的思想道德品质并提高他们的身体与心理素质，使他们具备国民应有的一些基本素质，为他们进一步深造创造条件。小学教育是培养各级各类人才的前提，是向全体儿童进行的最基本的知识、技能教育，帮助他们学会如何做人，奠定学习、生活和进一步发展的基础。

（二）小学教师语言的特征

基于教师语言的总体特征，根据小学教育的特点，小学教育中的教师语言具有以下特征：

1. 儿童性

小学教育阶段的教师语言应贴近儿童生活，能够被儿童充分理解和完全掌握。在教学过程中，教师要注意词语的通俗易懂、语法的浅显简易、语言的生动有趣等。

[示例]江苏省小学语文特级教师李吉林长期致力于“情境教学”的探索实践，对诗歌《瀑布》的教学导入设计如下：

我们家乡有小河，有长江。小河的水轻轻地流淌着；长江的水滔滔地向前奔涌着；大海的波涛翻滚着，奔腾着。不管是小河的水，长江的水，还是大海里的水，都是日夜不停地流动着。然而有一种水，是从很高很高的山上倒下来的。你们知道这是什么吗？

（学生很快想到是“瀑布”，情绪也随着瀑布水流的奇特而兴奋起来。）

有谁见过瀑布？有同学心里一定会想，明明是水，怎么叫瀑布呢？还有的同学可能会想，那瀑布从高山上直接往下倒，那情景一定奇妙极了。这一课我们就来学习一首赞美瀑布的诗——《瀑布》。

[评析]受到经历的限制，有的学生可能没有见过瀑布，李老师首先利用学生已有的经验，讲到小河的水、长江的水、大海中的水，从而导入课题，唤起了学生的好奇心。然后，老师又站在学生的角度提出两个问题，这两个问题未必真是学生所想到的，实际上是对学生的思维活动超前一步进行导向，这就是所谓的启发思维。

这段导入语正是在对儿童进行充分了解的基础上设计的。它从多个方面体现了教师语言的特点，既考虑了儿童的认知能力，根据学生已有的经验做了形象生动地描绘，激发了他们的学习兴趣，又设计了富有启发性的问题，为他们学习这首诗歌做好了铺垫。

2. 可接受性

受到知识、阅历、经验等因素的限制，儿童的认知水平往往偏低，这就要求教师首先考虑自己的语言是否能够被儿童接受，即教师的语言必须具有可接受性的特点。教师的语言要使学生乐于接受、易于接受。可接受性主要表现为教师语言必须针对学生不同的年龄特征、心理需求、知识水平而有所变化，以充分发挥启发引导的作用，达到最佳的教育教学效果。从语言要素来看，小学教师的教学语言应注意语速的快慢、用词的深浅、句式的长短、语气的轻重缓急等问题；从具体的表现手法来看，应多用生动活泼的表达形式，多用儿童所习惯的、熟悉的方法和手段。比如，小学低年级的学生习惯于形象思维，教师的教学语言要浅显，同时要注意有意识地逐步培养他们的抽象思维；小学高年级学生的抽象思维能力有了一定发展,教师语言则要求严谨、深刻。

3. 生动性

教学和教育的特定对象与特定环境决定了教师语言一定要具有生动性。生动的教师语言会增强教学口语和教育口语的可接受性。优秀的教师要以生动形象和富有情感的语言吸引学生倾听,激发学生的学习兴趣和上进心。只有这样,才能提高教育和教学的效率,达到教学和教育的目的。

教师语言的生动性,首先表现在词句要活泼鲜明。比如,教师经常运用比喻、双关、粘连等修辞手法,使抽象的道理具体化、深奥的道理浅显化,努力使学生如临其境、如闻其声。其次是语言内容要生动感人,叙述要具体可感,说理多用事例、力避空洞,说明脉络清晰,分析总结逻辑严密等。再者,教师语言的生动性还表现在讲究用姿态、表情、动作来增强口语表达效果。教师在运用有声语言的同时,辅以优美而恰当的态势语,二者相得益彰,能使教师语言显得更为生动有力。

4. 示范性

教师的职责是教书育人,这一本质特点,决定了教师的劳动必然带有强烈的示范性。正如俄国著名教育家车尔尼雪夫斯基所言:“要把学生造就成一种什么人,自已就应当是这种人。”

小学教师的职业特点之所以具有示范性,还在于小学生善于模仿,具有强烈的“向师性”心理。小学生的心灵就如一张白纸,“染于苍则苍,染于黄则黄”(《墨子·所染》)。小学阶段的教师会成为小学生模仿的主要对象。在天真的孩子眼里,教师具有某种权威性,甚至以为“老师说的”都是对的。许多教师发现,自已的一举一动特别是语言表达,学生都在模仿,教师的一言一行都会在学生心灵上产生潜移默化的深远影响。因此,小学教师在教育教学活动中一定要有榜样意识,在语言运用方面,努力做到规范严谨、生动有趣、高雅不俗。

三、学前教育的特点与学前教师语言的特征

学前教育是指对 0 ~6 岁儿童所实施的教育,是一个人教育与发展重要而特殊的阶段。“重要”指的是学前教育是一个人发展的奠基时期,许多重要能力、个性品质在这个时期基本成型;“特殊”指的是学前阶段是儿童身心发展从最初的不定型到基本定型,转而可以开始按社会需求来学习并获得发展的过渡时期。其中,0 ~3 岁为早期教育期,3 ~6 岁为幼儿园教育期。这两个阶段的教育有不同的形式和特点。以下主要阐述 3 ~6 岁幼儿园教育期的特点及其语用特征。

(一)学前教育的特点

受幼儿身心发展水平的制约,幼儿园教育不是以学习系统的文化科学知识为目的,而是以游戏为基本活动,其具体特征如下:

1. 游戏化

《幼儿园教育指导纲要(试行)》(2001 年 9 月试行,以下简称“纲要”)中提出幼儿教育应以游戏为基本活动。在充分肯定游戏教育价值的同时,纲要强调游戏是幼儿园主要的教育教学活动,即强调教育教学的游戏化。游戏符合幼儿的年龄特征,能够满足幼儿的各种身心需要,是幼儿园的基本活动,也是幼儿教育的基本特点之一。

2. 生活化

生活化是指选择符合学前儿童学习特点的生活经验,把富于教育价值的生活内容纳入教学中,使幼儿园教学具有生活的气息和意义,寓教育于生活中,在生活中进行教育。学前儿童的认知特点决定了幼儿园教学不能以系统知识的传授为任务,决定了幼儿园教育目标和内容的广泛性,也决定了保教合一的教育教学原则。

对于幼儿来讲,生活中所需要的基本生活习惯和能力,如卫生习惯、生活自理能力、交往能力等,是学习内容的重要组成部分。但是这样广泛的学习内容不可能仅仅依靠教师设计、组织的教育教学活动来完成,也不可能通过口耳相传的方式来实现,儿童只能在生活中学习生活,在交往中学习交往。即使是认知方面的学习,也要紧密结合幼儿的生活经验,才能被幼儿理解和接受。因此,幼儿园课程具有浓厚的生活化特征——课程的内容来自幼儿的生活,课程实施贯穿于幼儿的一日生活。

生活对幼儿的发展具有重要的价值。对幼儿而言,生活是重要的学习内容,也是重要的学习途径。与幼儿有关的社会生活及幼儿的游戏都是重要的教学资源。幼儿教师要善于从幼儿的生活出发,利用幼儿身边的人和事以及熟悉的环境,以适合的方式组织教学活动。让幼儿在生活中学习,在生活中发展。

3. 主体化

主体化是指幼儿园教学活动的设计和组织要充分考虑幼儿的主体性,肯定幼儿的主体地位要以尊重幼儿为前提。幼儿作为独立的个体,享有和成人一样的权利和地位,在其发展中发挥积极的能动作用。同时,幼儿需要个性全面发展,幼儿在其发展中表现出来的选择性、能动性以及创造性都是幼儿园教学过程中不可忽视的积极因素。

4. 整体化和整合化

幼儿的发展包括身体、认知、行为、情感等方面的发展,各个方面的发展又相互联系、相互制约,形成了一个有机整体。因此,幼儿园教育教学不能以孤立地发展幼儿的某种机能为主要任务,而是要从整体的角度考虑,促进幼儿的全面发展。纲要虽将幼儿园教育教学的内容划分为健康、语言、社会、科学、艺术五大领域,但是在教育内容的整个实施过程中要求各个领域的内容相互渗透,从不同角度促进幼儿情感、态度、能力、知识、技能等方面的发展。也就是说,从整体上要求幼儿园教育教学是全面的,包括儿童发展的方方面面。同时也要求幼儿园教育教学是整合的,各个领域要相互渗透、有机结合。

5. 活动性和直接经验性

幼儿主要通过感官来认识世界,只有在获得丰富的感性经验的基础上,幼儿才能理解事物,才能对事物形成比较抽象而概括的认识。幼儿的这种具有行动性和形象性的认知方式和认知特点,使得幼儿园课程必须以幼儿主动参与的教育性活动为基本的存在形式和构成成分。对幼儿来讲,只有在活动中的学习才是有意义的学习,只有在直接经验基础上的学习才是理解性的学习。

(二)学前教师语言的特征

基于教师语言的总体特征,根据学前教育的特点,学前教育中的教师用语应具有以下特征:

1. 简明规范

学前教育中,教师用语一要简洁通俗,二要意明语清。教师的一言一行、一腔一式,幼儿都乐于模仿,因此教师的语言必须规范化。教师在讲述中用词要具体,词语顺序、词语搭配要正确。比如介绍故事发生的地点,说“从前在一个地方”,就不如说“在一座小房子里”“在一棵大树下”更具体;介绍交通规则,说“一个汽车”“一伙人”,就不如“一辆汽车”“一群人”规范。幼儿爱动、好奇,教师就要把动词、形容词使用好,象声词的运用,更能激起幼儿的兴趣。学前教育中,教师语言要表意达情,必须要让幼儿听清、听懂教师在说什么,只有听得清楚,才能逐渐理解。

2. 生动有趣

教师的语言要形象、生动,富有趣味性,贴近幼儿的心理,才能使语言更具活力。

[示例]在幼儿午睡起床时,有的孩子贪玩不愿意穿衣服,总是拖拖拉拉,一位教师就说:“火车要钻山洞喽,看谁的两列火车先钻出来。”教师把幼儿的脚比成火车,把裤腿比成山洞,这就是富有趣味性的语言。

生动形象的语言能激发幼儿的兴趣,唤起幼儿对具体事物的真切感知,调动他们的各种感官去思维、联想、想象、回忆、行动,从而产生如临其境、如闻其声、如睹其色、如见其人的感觉。在进行故事教学时，教师讲故事的语言就应该夸张、生动，富有趣味性。比如，用又粗又涩的声音扮演鸭爸爸，用恶狠狠的腔调演绎大灰狼，用温和轻快的声音扮演小山羊，用阴郁沉闷的怪声表现老巫婆等。这样，一个个活生生的角色就把幼儿带入了童话世界。

3. 富有诗意

语言优美、富有诗意，可使教学出神入化。

[示例1]一位幼儿教师发现小班幼儿自理能力比较差，经常将鞋子穿反。在教幼儿穿鞋子要分清左右脚时，她没有用枯燥的语言说教，而是告诉幼儿："左边的鞋是鞋爸爸，右边的鞋是鞋妈妈，爸爸和妈妈是对好朋友，永远不吵架。"在教幼儿叠衣服时，她告诉幼儿："扣子找扣眼，袖子找袖子，衣服弯弯腰，帽儿点点头。"这些节奏明快、朗朗上口的儿歌使幼儿轻松自如地学会了穿鞋子、叠衣服等本领，不仅提高了幼儿的自理能力和审美能力，而且陶冶了幼儿的情操。

[示例2]一位幼儿教师在绘画教学中，将所画的内容按步骤和要求编成生动形象、简短易懂的儿歌，边画边说。教幼儿画鱼时，教师这样说："一条小鱼水中游，摇摇尾巴点点头，一会儿上，一会儿下，游来游去真自由。"幼儿依据这首儿歌就逐步画出了鱼身、鱼尾、鱼头、上鱼鳍、下鱼鳍和鱼泡泡。这种诗化的语言不仅激起了幼儿绘画的兴趣，帮助幼儿顺利地完成了绘画活动，还促进了幼儿语言能力的发展。

4. 具有激励性

鼓励和支持幼儿是幼儿学习和发展的重要前提，幼儿教师的语言应具有激励性。如在幼儿不敢表达或在探索活动中不够大胆时，教师就要用积极的语言去引导他们，可以用"你试试看！""你肯定行！""男子汉，勇敢点！"等这样的语言来激励幼儿。这样的语言对幼儿来说，无疑是一种支持性的力量，可以成为幼儿解决问题的动力，并增强自信，有助于幼儿形成优秀品质。当幼儿有一点点进步或有自己独特的发现时，教师也应及时鼓励，可以说"真不错！""你真棒！""你的想法很有创意！"等之类的话。这样的语言能给幼儿极大的鼓舞，激发他们进一步去探究、创造。

第二节 教师语言的素养

优秀的教师语言,其魅力就在于能够在教学过程中化深奥为浅显,化抽象为具体,化平淡为神奇,从而激发起学生的学习兴趣,引起学生的注意力和求知欲。优秀的教师语言还可以使教师在学生的德育工作中显示出极大的艺术性,从而产生强大的征服力量。

教师语言不仅仅是一个语言表达问题。教师语言水平的提高,除了要求教师关注语言表达本身,还要关注其他素养的提高。我们很难想象,一个自身素质不高的人,他的口语会有多高的水准。因为衡量一个人口语水平的高低,一个很重要的方面就是是否得体。而能否使自己的话语得体,恰恰又和说话人自身的素养紧密相关,素养越高,他的言语才有可能越得体。

教师语言的素养包括诸多方面,主要有思想素养、知识素养、心理素养等。

一、思想素养

思想素养对教师职业来说是永恒的主题。教师不仅授业、解惑,更重要的是育人。要教育好学生,做好学生的思想工作,塑造学生的美好心灵,教师不仅要依靠科学真理的力量,运用科学合理的管理手段,更要凭借自身的人格魅力影响和教育学生。

思想素养应该表现为对教师这一职业的热爱,对学生这一职业对象的热爱。一名教师如果对他所从事的职业缺乏感情,是不可能真正从内心去爱这个职业的,也绝对不会真心去爱他的学生,不会用自己的语言去感染学生、打动学生。

教师语言的表达效果与教师的人格魅力同样有着十分密切的关系。法国作家福楼拜曾说过:“明确的语言取决于明确的思想。”鲁迅先生说得好:“从喷泉里出来的都是水,从血管里出来的都是血。”很难想象,一个根本不热爱教育工作的人,能讲出热情洋溢的忠诚于人民教育事业的话语来;也很难想象,一个没有民族责任感和时代紧迫感且思想境界不高的人,会说出催人奋起、激人上进的精妙言语。言为心声,要提高教师的职业语言水平,应首先提高教师的思想境界。

因此,教师要锤炼语言,应先锤炼思想。要使语言闪光、引人入胜,就要先使得自己的思想迸发出火花,启人心智。

二、知识素养

俗语道:“要给学生一杯水,教师要有一桶水。”这说明,知识素养是教师语言素养非常重要的一个方面。教师具有丰富的知识,不仅有利于教学,也有利于自身素质与能力的提高。拥有深厚而广博的知识,会让一个人的口语表达更加自信,更富有魅力。许多语言功底深厚的教师,都非常重视自己的知识素养,他们深厚的语言功底正是来自广博的知识。教师要提高语言水平,不仅要掌握所教学科的专业知识,还应掌握相关学科的专业知识。随着社会的发展,仅具备单一型知识的人已远远不能适应社会的需要。因此,教师要为现代社会培养人才,自己的知识要在“专”的前提下向“博”的方向发展。

一位曾在全国智力竞赛中获奖的同学说:“我认为人的知识结构有如下三种:一种是珍珠型的,尽管颗颗闪光,但缺一条线使它们成为一个整体;一种是牌楼型的,雕梁画栋、精细绝妙,但只靠几根木柱撑着,经不起大的冲击;一种是金字塔型的,有雄厚的基础,有严密的结构,有突出的尖端,我力求达到这种知识结构。”

既然学生已对自己提出如此严格的要求,那么教师更应考虑如何无愧于当今的时代,无愧于这样的学生,努力使自己的知识牢固而不僵化、广博而不芜杂。只有这样,教师才能迅速地提取、变换、组合,从而外化为完美的、示范性的教师语言。

三、心理素养

教师要掌握好语言艺术,必须有良好的心理素质。教师想要使自己的课上得好,富有吸引力和感染力,达到预期的教学效果,就必须在课前做好充分的准备工作,这种准备除了教案准备和教具准备,还需要心理准备。

首先,教师要具备自我调节、自我控制的能力。这种能力具体表现为从容自信、沉着冷静、宽容大度、处变不惊,这种个人心理素养的形成对于教师语言表达水平的提高有着十分重要的作用。如果教师在临场讲话时内心过于紧张,学生稍有抵触,便表现得非常暴躁;面对突发事件,就会语无伦次;等等。这样的教师也肯定讲不出精彩的话语。只有心理素质高的教师,才能具有较高的语言素养,创造出优异的教育教学成绩。

其次,教师还应善于把握学生的心理状态。不同年龄阶段的学生有着不同的心理特点。例如,中学生处在生长发育的高峰期,而这又是语言表达的“退潮期”。他们讲话,往往失去了儿童的天真、质朴和流畅,但又赶不上成年人的周密、严谨与深刻。他们担心话讲得不好会影响自己的“社会形象”,于是干脆就不说或少说,以掩饰自己的稚嫩。教师在教这样的学生时,就应把握他们的心理特点,采用恰当的语言形式,激励他们由“羞于启齿”到敢于开口,再逐步转变为善于讲话。

第三节　教师语言的基本技巧

教师语言有不同于其他职业语言的特征，教师语言的运用也有不同于其他职业语言的基本技巧。教师语言的基本技巧主要表现在语音和修辞两个方面。

一、教师语言的语音技巧

（一）响度技巧

响度指说话声音高低强弱的程度，由音高、音强、音长、音色四个因素共同构成。教师在运用职业语言时必须注意声音的响度，做到音量适中，并注意凭自己的耳朵去感受。

教师语言的运用，应注意以下响度技巧：

1. 声音不宜过低

教室面积一般是 60～70 平方米，声音过低就不能让每个学生都听清楚。因此，教师要做到字字有声，保证最后一排的学生也能清晰地听到。一般情况下，语流中的弱化、虚化或字音脱落，教师本人不易察觉，而学生听后就不知所云了。当然，教师有时适当降低音量，不仅会使学生感到亲切，而且能调动起他们的听觉注意力，也会显示教师的从容和自信。但音量要低得合理、适度，应低而不虚、沉而不浊，要有一定的内在力度。

2. 声音不宜过高

教师的声音过高，似乎能传得远，却并不在学生的耳边，易使学生产生听觉疲劳。“情浓何必求声高”，要从表情达意的角度调节音量。一般以中声区发音为主，教师说得轻松，学生听了不觉吃力。

3. 声音不宜过亮

过亮的声音显得尖锐、单薄，情味不浓。声音的亮度宜在一定幅度内随表达需要而有所变化。天生音色偏亮的人，说话时可松弛喉部，稍稍降低音调，少用高音共鸣，多用中音共鸣或低音共鸣，使音色变暗一些，这样的声音有助于沟通和交流。

4. 声音不宜过平

平淡的声音缺乏变化，没有层次感，不易调动学生听觉的积极性。就一节课来说，在导入、提问、讲授、诱导、结束等环节，语音响度应有所变化，甚至有明显的落差。这样不仅有助于教师表情达意，而且可以作为教学调控的常规手段，显示出口语表达的层次感。

为得到合适的响度，刚上讲台的人要注意“开嗓”和“控嗓”。“开嗓”就是排除心理障碍，有勇气大声说话；“控嗓”就是根据表达的需要，调节控制响度。

基音低、音域较窄的人，可适当“扩嗓”。扩嗓的方法是用不同的音高做大声说话的练习。但不要把嗓子用“满”，要运用以气托声和共鸣的技巧，做到声大而不吼、音高而不喊。

（二）清晰的表达技巧

清晰是指出语或表意清楚明白。从出语方面说，教师说话要干净利落，字字句句都清清楚楚，对每个字的“吐字归音”都毫不含糊。从表意方面说，教师说话要确切明达，决不模棱两可。常言道：“语清意自明。”这说明教学口语的清晰度对教学内容的表达有着很重要的作用。讲课拖泥带水、含混不清，很大程度是对教学内容的理解不深刻、不准确造成的。为了使口语表达清晰明确，思路明晰是基础。因此，提高教师语言的清晰度，前提是对教材理解得清楚、透彻。

（三）流畅的表达技巧

流畅，是指教师在教学时要“知而能言、言之能顺”。它反映在两个方面：一是说一段相对完整的话时，要说得顺畅；二是答疑接话时，要应对敏捷，说得流畅。顺畅的语流一般具有词能达意、冗余度小、句与句或层与层之间能体现依存关系的特点。不顺畅的语流的特点是：选词时有“卡壳”、急不择语，时常吞吞吐吐、言不达意，表达时有“断档”；面对质询时迟钝缓慢，说话冗余度高、口头禅多。提高教学口语的流畅度，要从提高思维素质和内部言语的瞬间组织能力入手，同时要在实践中增强对动态语境的适应能力。

表达清晰、流畅是教师语言的基本功，平时应多做思维训练。比如，同一话题多说几遍；对说过的话应多加分析，分析其句与句、层与层之间的关系；用呼应、对比、添加、承接、因果、归并、解说等手段联系语句。

（四）语调的运用

语调是语气的外在声音形式，是使教师语言声情并茂的技巧之一，有很强的表意功能。“感有万端之异，言有万态之殊”，教师语言中的语调表达切忌拿腔使调，教师的语调要随情、随意、随势而有所变化，并且应当有轻重强弱之分。

一般来说，教师如果运用一成不变的高亢型语调、抑制型语调或平缓型语调进行教学，课堂气氛就会平淡、沉闷，学生的学习积极性也会受到抑制；而教师变换语调进行教学，则会使学生的学习情绪高涨，注意力集中，反应更加灵敏。所以，教师应当根据不同的教学内容和教育情境调节自己的语调类型，有时可以高亢、激烈些，有时可以平稳、舒缓些，这样才有助于增强教育教学的效果。

（五）重音的运用

在教学时，语句中的重音多半是从教学目的出发来确定的，所以统称目的重音。如：为加深印象而用重音说某些首次或再次提到的概念；为体现语脉线索或逻辑关系而重说关联词；为确定某种判断或范围而重说判断词、副词；为强调某些动作、性质或感情而重说相应的动词、形容词等。是否与目的重音相对的是习惯重音。习惯重音是下意识地随意重说某些词或短语，这样就会使目的重音的落点偏移、语义模糊起来，应当避免。在讲述一个片段时，故意减弱某个字词或短语的音量和气势，这是以轻显重、以弱显强来表达重音的方法。在教师语言中，它具有调节表达节奏、调动注意力和表达某种深沉复杂的感情的作用。

（六）停连的运用

口语表达是边想边说，表达者根据语情语境的变化设置的间隙休止，就是停连。口语中的停连有随意性停连和合理性停连之分。随意性停连有时是合理的，但由于不注意停连设置的合理性，会使表达显得零碎、松散，语流不顺畅；合理性停连的特点是声断意不断，有时一句话中有许多停连，有时渐慢渐停，有时突然停止，甚至间隙时间异乎寻常地长，这些只要合情合理，在课堂讲述中常常能收到“此时无声胜有声”的表达效果。

（七）节奏的运用

教师语言的节奏，是指在一个相对完整的表述中，由于语速、语调、语势等变化而形成的语流运动的状态和趋势。节奏是调动听课情绪、增强表情达意效果的一种手段，是教学成功的要素之一。教师语言的节奏，是在对比度的调节中形成的。这正是无高不显低，无快不显慢，无刚不显柔，无强不显弱。讲课时，句子的松紧、声音的起伏、语速的缓急、语势的强弱，都要根据情意表达的需要而有所变化。有时环环相扣、层层递进，给人以百川归海之感；有时铺叙渲染、条分缕析，显得从容不迫；有时抑扬起伏，有时停连交错，既体现层次，又包含着丰富的意蕴，成为一个和谐的整体。

教师语言的节奏主要包括言语节奏、内容节奏、时间节奏三种。言语节奏是指语调高低、快慢的变化。例如，讲到重要的地方，提高声调，放慢速度；讲到令人快乐的地方，声音变得轻松欢快；讲到令人愤怒的地方，声音高亢有力；讲到令人悲伤的地方，声音变得缓慢低沉。这种语调高低、速度快慢交替伴随着情绪的起伏，就形成了一种节奏，直接影响着学生的情绪和接收信息的效率。

内容节奏是指要讲究内容的布局。开头要醒人耳目,一下子把学生带入学习情境,引起他们的兴趣和注意;中间论述要善于变化,使学生的有意注意和无意注意有节奏地交替转换;结尾要有余味,激起继续学习新知识的渴望。时间节奏是指要合理地分配时间。师范院校的实习生或新教师往往不能很好地把握时间节奏,容易出现前松后紧或前紧后松的现象。因此,在课前必须熟悉自己的讲稿,对每个问题大致占多少时间要做到心中有数。

二、教师语言的修辞技巧

修辞技巧是运用语言、提高语言表达效果的一种具体的艺术技巧。不仅书面语言要注意修辞,口头语言也应如此。常见的修辞格有比喻、借代、夸张、双关、反语、对偶、排比、反复、仿拟等。教师讲课时,如果能适当运用以上修辞手法,可使语言顿生光彩,提高感染力。例如,有位化学教师在讲课时,把剧烈的燃烧称为"轰轰烈烈的氧化";把溶液中的氧化还原反应称为"静悄悄的氧化",定语使用贴切,形象逼真,容易记忆。再如,孙敬修老人给孩子们讲故事时,经常用拟声词,使故事生动形象。他讲《胆小的兔子》时这样说:老山羊"嘭嘭"敲门,门"吱呀"一声开了,狐狸让山羊"扑通"一下栽了个跟头,兔子一哆嗦,草"刷刷"直响……拟声词的连续运用,为故事增添了更多光彩。

(一)比喻的运用

比喻的表达效果人所共知,教师讲课,应善用比喻。

在教师语言中运用比喻,有如下几种情况:

1. 以浅喻深,化深为浅。比如德国著名文学家歌德,把教师对学生的培养教育比喻为这样的过程:"铁匠铺里烧得很旺的炉火熔掉了铁条上的杂质,铁质就变软了。等到它纯化了,就对它敲打和加压,然后又用清水淬火使它再度硬化。一个人在他老师手里经历的也是这种同样的过程。"这个巧妙的比喻,把教师育人的艰辛及其工作的特点,很浅显、生动地表达出来了。

2. 以简喻繁,化繁为简。比如,教师分析复杂句子的结构时,就这样说:"这个句子像一棵大树,有很多枝杈。我们先抓主干,就是句子的主语和谓语,找出主干就好办了,定语、状语、补语等就是依附在主干上的枝杈。"教师用树木喻指一个结构复杂的句子,学生很快会对句子的基本结构有清晰的印象。

3. 以熟喻生,化生为熟。比如,教师在提醒大家要认真听课时说:"这一章比较难学,要认真听讲。知识就像一根链条,中间有一节脱落,链条就断了。"教师用"链条"喻指科学知识的连贯性和系统性,言简意赅,学生印象深刻。

(二)对比的运用

对比是把不同的事物、事理放在一起进行比较,从而突出事物、事理特征的修辞手法。有比较才能有鉴别，在教师语言中，通过对比显同见异，是常用的技巧之一。最常用的对比是正反两面的对比，也有对相同性质的事物、事理进行的对比，通过对比突出相同点，展示不同点。

（三）直表的运用

直表就是直截了当、清楚明白地说出自己的意思。教师讲授知识，必须具备简明扼要地把道理说清楚的直接表达能力。这有助于传递准确密集的知识信息，调动学生的积极思维，给他们以清晰完整的印象。

直表的基本要求：

1. 用词力求准确精当、通俗易懂。

2. 语句简洁、明快。

3. 语气确定，重音落点清晰、确切，句间停连干净利落。

［示例］教师讲授青蛙舌头的特点

青蛙的舌头长得很特别，舌头根长在嘴的边上，舌头尖却倒过来向着喉咙。舌头长得又尖又长，上面有黏液，平时折叠起来，但是一看到虫子，它的舌头就一下子翻到嘴外面，把虫子一粘，就送到嘴里吃掉了。有人做了统计，一只青蛙，平均一天要吃掉70多只害虫，所以人们都说，青蛙是捕捉害虫的能手。

［评析］这段讲述说的是青蛙舌头的构造、特点和功能，知识密度较大，但由于材料本身新颖有趣，所以教师未做过多的修饰或扩充，而是做清晰的直表，没有一句多余的话，用几个通俗易懂的短句轻松明快地表达出来，会给学生留下完整深刻的印象。

（四）委婉的运用

苏霍姆林斯基说过："教育技巧的核心是暗示。"教师语言中"暗示"的主要表现形式是委婉。暗示能启发思维，诱导学生发挥自己的主观能动性。对学生说话，有时不必非得"打开天窗说亮话"，直表方式用于知识传授是必要的，但在不同的教育、教学情境中，针对不同学生的不同心理，有时说话绕个弯子，用曲折、委婉的方式说，效果会好得多。委婉表达常常是在出语前后对语音、语态、语势、语意等方面做如下变通处理：

1. 急变缓：语速放慢，语调趋于平稳；注重情绪交流；择词审慎并适当弱化用词的分量。

2. 直变曲：在独白表达时，先迂回铺垫，再表明看法；在对话时，先顺承或肯定对方的某些表述，再通过过渡引入自己要说的意思。

3. 明变暗：不把话挑明，而是言此意彼；或用商询语气，不把话说得过于确定；或用"模糊语言"使语意的指向性宽泛一些，达到暗示的目的。

[示例1]

直表:"肖像描写?不对,还有对话描写!"

委婉:"你说对了,用了肖像描写。如果加上对话描写,说得就全面了。"

[示例2]

直表:"××今天居然也举手发言了。"

委婉:"举手发言要有勇气。现在有这个勇气的同学越来越多了,很好!"

[评析]以上两例中的直表说法都显得直白生硬,没有人情味,尤其是示例2,一个"居然"使表扬变成了讽刺。将两句话换成委婉的说法,示例1是先顺承肯定,然后用"如果"轻转,做必要的补充。示例2运用泛指,将这个同学置于群体之中,从正面予以肯定,并用"越来越多"扩展教育暗示的效果。由此看来,委婉是一种技巧,其前提是对学生的尊重。

(五)问询的运用

问询是教师语言中问句的总称。在交谈中,教师为了把学生引入正确的思维轨道,往往在本可以用独白方式讲述时,故意采用问询形式,以调动学生的注意力,训练他们的思维能力,增强教学效果。除提问外,教师"问"的形式相当丰富,主要有:

1. 常规问询句形式

(1)设问——教师自问自答;

(2)商询——教师用"是吧?""对不对?"等句式询问,不一定要学生回答,重在交流;

(3)反问——寓答于问,一般不作答。

2. 变式问询句形式

(1)反问后作答。例如:"怎么能这么理解呢?当然不能这样理解,因为……"此反问句已包含肯定的答案,虽然不必作答,但是教师加上了肯定的回答,既表示强调,又引出了进一步的阐释。

(2)反问答反问。例如:"写作文不审题就动笔,怎么能写得好?这么写不成了'下笔千言,离题万里'了吗?"这样的连锁式反问,语势递进,用反问句表达肯定的意思,给人的印象深刻。

(3)陈述含疑问。例如:"你们说'冬眠'就是冬天睡觉,照这么说,咱们在冬天的夜晚上床睡觉都是在'冬眠'了?"(学生立即说:"不,冬眠是动物在冬天睡觉。")这种问询句是用陈述句式进行表达,形成悬疑语势,引而不发地启发学生去思考、校正自己的看法。

(六)追加的运用

追加是对说过的话做追补或加工。在教师语言中,追加的作用主要有以下三点：一是强调重点或难点，使学生听得懂、记得牢；二是调整表达，使之更周密、更完善；三是排除干扰，保证知识信息传递的有效性。教师语言中的追加有多种类型：

1. 重复性追加

即对说过的话不做大的改动，在适当的地方再说一遍。它包括连续性重复和间隔性重复、整体归并性重复和局部选择性重复、自述性重复（教师重复自己说的话）和转述性重复（重复学生说的话）。

2. 增饰性追加

增饰，就是增添、修饰的意思。其表现形式一般是有意将一句话、一个意思分开来说，先做一般概括，然后追加修饰词句。它使紧句变为松句，舒缓了表达节奏，也有利于学生的理解，从而增强了表达效果。

[示例1]壁虎不讨人喜欢，样子长得很难看，灰头灰脑的，趴在墙上一动不动，像块脏布。

[示例2]这时候，董存瑞扛起炸药包，冲了上去。不要认为他扛的仅仅是一个炸药包啊，他的肩膀上扛的，是一个人民战士光荣、神圣的重任！

[评析]以上两例中，如果仅说前半部分也说得通，但显得不具体、不深刻，有了后半部分的增饰性追加，示例1中壁虎怎么不讨人喜欢、样子怎么难看，就充分表达出来了，示例2中董存瑞英勇行为的深刻内涵也通过抒情色彩的追加揭示了出来。

3. 复释性追加

即对说过的意思换一个角度做进一步的解释。它不是单纯的同语反复，也不是仅仅追加几句修饰限制的内容，而是换一种说法，使学生理解得更透彻、记得更牢。

[示例]就拿东北地区来说，它的面积约83万平方千米。别看它虽然占不到全国总面积的1/7，但是相当于两个多的日本或三个半的英国那么大。

[评析]说东北地区的面积有83万平方千米，很准确，但枯燥的数字给学生的印象不深。教师接着用“换算”做复释性追加，抽象的东西就变成具体的可知可感的事物了，而且学生也会产生浓厚的兴趣。

第二章 教学口语训练

教学口语，是教师在课堂教学过程中使用的语言。课堂教学是实施教学工作的主要组织形式，因而教学口语是教师语言的重要组成部分。在课堂教学的特定环境中，教学口语具有自身的技艺特征。在教学过程的不同环节，教学口语又具有不同的作用和表达方式。不同学科的教学、不同对象的教学，对教学口语的设计与运用也有着不同的要求。

第一节　教学口语的技艺特征

教育家苏霍姆林斯基曾说:“教师的语言修养在极大程度上决定着学生在课堂上的脑力劳动的效率。”高水平的教学口语能够在教学过程中化深奥为浅显,化抽象为具体,化平淡为神奇,从而激发起学生学习的浓厚兴趣和强烈的求知欲。教学口语的运用必须讲究技巧性和艺术性。

一、教学口语的性质和作用

(一)教学口语的性质

教学口语作为教师的主要工作语言,是教师在课堂教学过程中根据教学任务,针对特定的教学对象,使用规定的教材,按照一定的方法,在有限的时间内为达到某种预期效果而使用的具有一定交互作用的言语形式。教学口语是最基础、最重要的教学技能之一。

(二)教学口语的重要作用

教学口语是教师向学生传授知识、培养学生能力的最重要手段,是教师和学生之间沟通的桥梁。不管现代化教学手段怎样先进,都无法离开教师的教学口语。教师教学口语水平的高低,直接影响着教学质量的优劣。教师提高自身的语言水平是取得教育成功的重要先决条件。具体来讲,教学口语的作用主要体现为以下几个方面:

1. 为提高教学效率奠定基础

教师的口语水平直接影响着教学的效率和质量。准确地使用教学口语,是提高教学效率和质量的基础。教师的教学口语应当准确流畅、简洁清晰、音量适中、快慢有致、难易合度、针对性强,应当产生化深奥为浅显、化抽象为形象、化枯燥为有趣、化平淡为新奇的效果,应让学生爱听、乐听,高效省力地接受教育。这样,不但可以节省时间,还可以提高教学质量,同时也会减轻学生的思想负担。

[示例]著名特级教师霍懋征教小学低年级学生认识“聪明”一词

师:你们愿意做个聪明的孩子吗?

生:愿意。

师:那为什么有的人聪明,有的人不聪明呢?

生:有的人生来就聪明。

师：不对，除非生理上有毛病，不然每个人都可以变得很聪明的。关键是学会使用四件宝。你们想知道是哪四件宝吗？（学生的注意力高度集中）第一件宝：上边毛，下边毛，中间一颗黑葡萄。

生（立刻）：眼睛！

师：第二件宝：东一片，西一片，隔座山头不见面。

生：耳朵。

师：第三件宝：红门楼，白门槛，里面有个红孩儿。

生：嘴巴！

师：第四件宝：白娃娃，住高楼，看不见，摸不着。

生（抢）：脑子！

师：这四件宝怎么用呢？

她在黑板上先写出"耳"字，然后在"耳"字右边从上到下写出"丷""口""心"（用心就是用脑），耳、眼、口、心，合成一个"聪"字。她又在黑板上写了一个"明"字，然后说：这四件宝不能只用一次，要"日日"用，"月月"用，天长日久，人就聪明了。

[评析]霍老师通过引用谜语、妙释字形等语言技巧，在帮助学生有效地掌握"聪明"两个字的形体结构的同时，又让学生懂得了多听、多看、多问、多想与聪明的因果关系。语言通俗形象、生动有趣，富有启发性。在轻松活泼的气氛中，给学生留下了深刻的印象。

2. 为激发思维创造假设桥梁

教学口语不仅具有向学生传授知识和道理的作用，还具有发展学生智能、激发学生思维创造性的作用。有关实验证明，在语言水平较高的教师的指导下，学生的思维和创造能力都能比较突出地显现出来。

在幼儿教学活动中，可以通过设计一些开放性的问题来训练幼儿的发散性思维，让幼儿通过思考和回答问题养成寻求多种答案的习惯，形成独特的思维方式。

[示例1]在看图讲述《战胜大灰狼》这一教学活动中，一位幼儿教师设计了许多这样的小问题："图上有谁？小兔在干什么？躲在树后的大灰狼又想干什么？……"

[评析]教师的提问缺乏启发性，对幼儿的思维没有挑战性，幼儿也就无须开动脑筋去寻求答案。

[示例2]依然是看图讲述《战胜大灰狼》，幼儿教师这样提问："故事发生在什么地方？有谁？可能会发生什么事？……"。

[评析]教师的提问给了幼儿较大的思维空间,幼儿可以根据自己已有的生活经验,设想多种可能发生在小兔和大灰狼之间的事情。同样,幼儿给出的不是千篇一律的答案,也给了教师进一步追问的空间,在一问一答中,推动了师生的有效互动。

[示例3]续编故事。《猫医生过河》这一教学活动中,为了培养孩子的发散性思维,在续编前,老师提出了这样一个开放性的问题:"小河挡住了猫医生的路,你们认为猫医生过河了吗?如果过了河,又是怎样过的河?"这两个饶有趣味的问题引发幼儿积极地观察画面,分析思考,进而推测猫医生过河的多种可能性。在活动中,幼儿驰骋想象,根据自己的生活经验和认知水平,想出了十多种办法:让大象驮着猫医生过河,请会游泳的大白鹅送猫医生过河,水牛驮过去,找一些树枝架在树墩上走过去等等。

[评析]在这个过程中,幼儿思维活跃,积极热情,广开思路,探求出解决问题的多种方法,表现出极大的创造性和灵活性。

3. 为培养口语能力提供示范

中小学阶段是学生学习、掌握语言的重要时期。心理学研究表明,儿童时期是最具模仿性的时期,这一时期也是教师在学生心目中最具权威的时期。因此,教师的一言一行都会起到示范的作用。教师语言的水平,直接影响着学生的语言学习和语言能力的形成。早在古罗马时期,教育家昆体良就已经开始重视语言影响的问题了,他强调说:"最要紧的是,孩子的保姆应当是说话准确的人。"因为他认为,儿童听到的最多的是她们的声音,首先模仿的是她们的言语。孩提时期的记忆,如同新器皿,一经染上气味,其味经久不变,如同纯白的羊毛一经染上颜色,其色久不能改;越是令人讨厌的习惯,越是牢不可破,因为好的习惯变坏是容易的,但如何能使坏习惯变好?所以,即使还在婴儿时期,也不要让他学会以后不应当学习的语言。其实昆体良强调的问题,我们已经有了教训,如小学老师因某个字的读音不准确导致学生误读了几十年而难以纠正。近年来,我国的教育专家们非常重视教师语言对学生的示范作用。他们认为这是儿童语言发展的最重要的因素之一,并提出,要使每一堂课成为言语训练课。特级教师斯霞曾经说过:"教师的语言应该成为学生的楷模,要使学生学会普通话,说话口齿清楚,咬字正确,声音响亮,语言完整,简短扼要,用词确切,那么,教师首先要做到这些。""我们绝不可低估教师言语对学生言语的影响,这也是一种'潜移默化'。"特级教师于漪说:"语文教师带领学生学习规范的书面语言,如果自己的口头语言生动、活泼、优美,就能给学生以熏陶,大大提高学习效果。"

4. 为融洽师生关系建立纽带

教学口语不仅是传递信息的工具，也是沟通师生关系、交流感情的纽带。在学校的教育教学工作中，师生关系的融洽程度和教师的语言水平有很大的关系。善于表达的教师，往往能赢得更多学生的信赖，更容易建立起一种和谐友好的师生关系，从而为学习创造良好的氛围；相反，不善言辞的教师，师生关系往往较为疏远，有时还会因为表达不好而伤害学生，造成师生之间的情绪对立，从而影响教学。

[示例]一次语文课上，一名小学生失口直呼了老师的名字。同学们都屏住气息，等着语文老师的训斥，那个小学生更是惶恐得不敢抬头。而老师呢？像什么事情都不曾发生一样，只是微笑着说："难得张铭同学把老师的名字记得这么牢，这么清楚，希望你在课余时间把我的容貌、声音、性格、爱好等都描写出来，写在日记本上。我相信你一定能写得很好。"说完便继续讲课。

第二天，张铭同学果然送来了日记，并说以后要尊重老师。日记写得很好，老师表扬了他，并鼓励他继续努力。此后，这名同学见了老师比谁都讲礼貌。

[评析]老师不计较小事，以亲切宽容的态度对待学生，还引导学生写一篇日记，这样既得到了学生的好感，也赢得了学生对老师的尊敬。

学生取得成绩时一句赞扬的话，学生遇到挫折时一句鼓励的话，学生遇到困惑时一句疏导的话，学生做错了事时一句宽容的提示，学生遭到不幸时一句亲切的安慰，学生遇到难堪时一个巧妙的解围等，这些都是增进师生情谊、融洽师生关系的有效方式。优秀的教师都非常重视语言在融洽师生关系中的特殊作用，常常借助语言的魅力，达到自己预想的效果。

二、教学口语的技艺特征

从表达方式上看，教学口语的技艺特征主要包括：书面语言与口头语言相结合，有声语言和态势语言相结合，有准备语言和即兴语言相结合，控制语言和反馈语言相结合，科学语言和艺术语言相结合。从表达目的和要求上看，教学口语应该具有规范性、启发性和形象性三方面的特征。

（一）在表达方式方面

1. 书面语言与口头语言相结合

书面语言常常用于比较正式的、庄重的场合。它在词语的选用、句式句法结构等方面都有独特的构成成分。书面语言常选用书面词、外来词和一定的文言词，词语运用呈典雅、优美、深奥等特点；在句式句法的选用上，多选用完整的主谓句、整句、关系繁复的长句和复句，依靠大量的关联词语来表示复句的种种关系；句子成分齐全，句式严整，各种句子成分相对固定。以上这些特点，使书面语言呈现出规范、严谨、庄重等特色，这种特色就是人们常说的“书卷气”。无论是写出来的还是说出来的，都显得“文质彬彬”。所以，在课堂传授知识的特定场所里，在分析文章、讲解原理、推导公式等过程中，使用较多的是书面语言。这样能使教风严谨，学生听得清楚明白。但是如果教师授课时只是照本宣科，背讲义，语言古板，就会令人厌烦。

口头语言是在以口头方式进行语言交际的基础上形成的。它的特点是：词语多用日常用语、语气词、歇后语等；句式简短灵活，可省略句子成分；句法多变，语义内部联系紧密，特别是少用关联词。

口头语言通俗易懂、灵活随意，语气上轻松自然，在教学过程中同样不可缺少。根据教学需要，在适当的地方运用讲故事、打比方、提问等口语性较强的语言形式，可以使教学口语严密准确而又通俗生动。口头语言是课堂教学环节衔接的纽带，是贯穿教学内容的桥梁，起着调节课堂气氛、促进师生交流的作用。但是，课堂教学不是聊天拉家常，要控制口头语言的运用。一般说来，随着学生年级的增高和年龄的增长，课堂教学口语中，书面语言的比重应逐渐增加，口头语言不应超过课时语言总量的1/3。还应该特别注意的是，使用口头语言用词不应流于粗俗，语气词不能过多，不能有口头禅，不能前言不搭后语。

教学口语应当是书面语言和口头语言的有机结合。两种语言形式交替运用，能够产生通俗易懂、清新流畅、寓意深邃、机智风趣的教学风格，从而取得良好的教学效果。

2. 有声语言和态势语言相结合

科学研究发现，人类获取信息的渠道是多方位的，其中通过听觉和视觉获得的信息最多。在课堂教学中，如果只采取有声语言这一传递方式，教师就像一部全自动录音机，那么教学过程和教学效果是难以想象的。教师必须将有声语言同态势语言有机地结合起来，才能收到较好的教学效果。当然，教师使用有声语言进行教学，会因学科内容、学生年龄、教师性格等因素的不同而呈现出不同的特点：或慷慨激昂，热血沸腾；或轻松随意，如同聊天；或缜密推导，丝丝入扣；或细致描述，如临其境等。如果教师能够根据教学的实际情况，在恰当运用有声语言的同时，辅之以精心设计的表情、手势等态势语言，必将会增强有声语言的表达效果，大幅度提高学生理解教学内容的效率。

3. 有准备语言和即兴语言相结合

教学口语是一种特定的交际语言。它是教师在课堂这个特定的环境中，面对学生这个特定的群体，本着一定的教学目的而说的话。所以，教师必须有课前准备。例如,讲课的内容要紧密联系教学大纲和教科书,备课时要列好提纲、写好教案。讲课方式要根据学生的知识水平、心理与接受能力预先做好准备。对语言的表达方式、手段、侧重点都要有一个细致的安排,从而使教学口语成为传播知识和技能、维持课堂教学的重要手段。

在课堂教学的实施过程中,教学口语不是录音录像材料的重放,不是戏剧演员在舞台上做台词的说唱,教师需要根据具体情况随机应变。例如,对教学内容做一些或增或减的调整,针对学生不明白的问题做进一步阐述等。课堂教学往往需要依靠现场发挥。课堂上出现的问题,有时会出乎教师的意料。有经验的教师,在与意外情况不期而遇的时候,总能够通过即兴发挥,变异常为正常,化被动为主动。

4. 控制语言和反馈语言相结合

课堂教学语言的运用具有明确的计划和目的,只有始终有步骤地围绕教学内容进行,才能达到特定的教学目的。所以,教师在课堂运用教学口语的时候,总是主动地控制着整个课堂教学,或要求学生做什么,或指示学生怎么做,引导他们进入教学过程,激发他们的创造性。这正体现了教学口语的控制性特点。如果教学口语失去控制,就会使教学涣散,不能达到预期的教学目的。

但是,教学活动不是教师的单边传授行动,而是师生互动的双边活动。教学过程,本质上是一个传输－反馈－传输的过程。教学过程的反馈就是指教师(学生)输出给学生(教师)的信息又返回给教师(学生)。因此,教师必须根据学生的反馈,即学生接受信息的反应,及时调整教学口语。这样,教学才能高效地进行。课堂上,教师可以从学生的答题情况获得反馈信息,判断学生是否完全听懂了教学内容。对于学生已经掌握的内容,教师可根据教学大纲的要求,或加快进度以节省教学时间,或深入挖掘以深化学生的认知;对于学生没有听懂的内容,教师可对自己的教学过程做相应调整:或重新讲授,或变换角度,或换个说法,或利用实例,或在关键处予以点拨等,直到学生弄懂为止。可见,控制不是机械地牵着学生的鼻子走,而是根据课堂反馈,因势利导地进行。

5. 科学语言和艺术语言相结合

科学的教学口语,是指教学口语的内容必须科学,形式也必须科学。教学口语是知识的载体,它承载着学科知识,承载着不同学科的概念、原理、现象等。教学中不管是说明、叙述、描摹还是议论的语言,都包含着相应学科的科学知识。教师讲授的知识必须是科学的、准确无误的。同时,教学口语的形式也要科学,要符合语音、语义和语法的要求,要清晰、明白、准确,符合逻辑。这就要求我们必须说普通话,发音准确,用词正确,合乎语法规则,选择的表达方式也要符合学生特点。科学的教学口语能够保证教师正确、明白、清晰地传授学科知识,同时使学生接受正确语言的熏陶。

艺术的教学口语是指教学口语应该具有艺术性。艺术性使语言生动、形象,更富有表现力。艺术的教学口语有助于吸引学生的注意力,点燃学生的学习热情,加深学生对知识的理解。科学与艺术的完美结合,必将使教学语言魅力无穷。

(二)在表达目的和要求方面

1.规范性

教师为人师表。在学生看来,教师是知识和智慧的化身。因此,只有教师的语言具有规范性,才能在学生中产生语言的正面示范效应。

教学口语的规范性主要包括两个方面的含义。

首先,教学口语的规范是指教师在教学过程中使用普通话的规范。普通话的规范指的是在使用现代汉语时,要做到在语音、词汇、语法各方面都符合标准。如有的教师把"直角"读成"直觉",把"说书"念成"佛福",把"老人娘心里想着未来"念成"老大娘心里想着喂奶";有的教师把"月亮"说成"月明",把"上面"说成"直上",把"玉米"说成"苞谷";还有的教师把"不知道"说成"不晓得"或"知不道",把"你比他高"说成"你伴他高""你高起他"等。以上这些违反了普通话语音、词汇、语法各方面的规范。

其次,教学口语的规范还包括教师的语言在遣词造句方面不要有错误,应避免用词不当、语句不通、半截话、颠三倒四等语病。例如,有的教师在批评女同学时用了"妇女"一词,引起女同学的反感,激化了师生间的矛盾。这是没有准确分析词义造成的。用词不准、词不达意是违反语言规范的常见错误。

在幼儿园这个相对特殊的环境里,幼儿教师的语言又具有一定的特殊性,并且对幼儿的语言发展起着非常重要的作用。幼儿的语言大部分是通过模仿形成的,他们缺乏语言的识别能力,如果没有正确的语言示范,幼儿的语言就得不到良好的发展。对幼儿教师而言,除了做到以上两个方面,还要做到以下两点:

第一,避免随意化。

[示例]下午孩子离园前,老师表扬幼儿时说:"今天表现最好的有某某、某某、某某……"

[评析]一个"最"字表达的是独一无二的意思,但教师却随意地在"最好的"后面说出了好多个幼儿的名字。这种看似微不足道的小错误,时间一长也会对幼儿产生影响。因此,教师在使用语言时应避免出现因随意而犯的错误。

第二,避免粗俗化。

语言与一个人的思想品德密切相关。一个品德高尚的教师,其语言应该是文明的、健康的、高雅的,能够促进幼儿的智力开发,激发幼儿的学习兴趣,而且能够培养幼儿健康向上的情感。反之,粗俗的语言只能给幼儿带来负面的影响。

[示例]一位小朋友在上课时总是调皮,老师生气了,对他喊道:"你真是个死熊孩子!"当时,有几个小朋友也跟着冲这位小朋友喊:"死熊孩子!"第二天,这位小朋友刚进教室,教室里的幼儿就对着他喊"死熊孩子",他委屈地看着其他小朋友,眼里还含着泪水。

[评析]老师不经意间的一句气话已经对这个孩子造成了伤害。作为教师,我们应避免使用"滚出去""笨死了"等不文明的语言。要尽量使用文明、温和的语言去触动幼儿,使其形成文明、健康的心灵世界。

2. 启发性

启发性是指教师语言能够起到调动学生自觉性和积极性的作用,并且能使学生对所学内容有所领悟。

教师的语言是否具有启发性,从某种意义上来说,就是看其语言是否拨动了学生的心弦、对学生产生了激励作用、达到了培养人才的目的。启发性教学口语具有三方面的作用:启发学生明确学习目的,提高求知欲望;启发学生采取有效的学习方法;启发学生形成积极的情感和审美情趣。

启发学生思维的方法有很多,如理论联系实际、生动的语言描述、正确地运用直观教学手段等。

[示例]比较家兔门齿特征的两个讲解

甲教师这样讲:"家兔的门齿是由齿质和釉质组成。齿质比较软,容易磨损;釉质特别硬,不易磨损,主要分布在牙齿的表面。家兔门齿前面的釉质厚,后面釉质薄,所以后面的磨损比前边快些,这样,门齿便形成了'凿'形。此外,齿的基部不封闭,能终生生长,所以家兔经常咬硬的食物,门齿也不会变短。"

乙教师的讲解是:"我们在生活里经常会看到,尖锐的东西如果经常触碰坚硬的东西,不久就会变钝;长的东西经常被磨,它的长度会变吗?(停一会儿)会变的,变得越来越短了。而家兔门齿的情况是很奇特的。它的门齿呈'凿'形,虽然经常咬硬的食物,但是门齿不仅不钝,反而更尖锐;不仅不短,反而经常保持原来的长度。为什么会有这样的反常现象呢?下面我们就来看看它的门齿的构造吧!"

[评析]甲、乙两位教师对教学内容的讲述都是正确的。甲的语言给人以

平淡无味的感觉，看不出对学生有何启发性；而乙的语言不但生动有趣，而且精心编制了“矛盾情节”，能吸引学生的注意力，启发他们去思考。

教师富有启发性的语言，是开启学生智力，调动学生主动性、积极性的有效手段。

运用启发性教学口语时要注意两点：第一，话不说过，留有余地。即讲的话要含蓄一些，在学生一知半解时加以引导，不要把知识点和问题一口气地说完说尽，要给学生以思考的时间和余地，启发他们自己寻求答案。第二，适时点拨，循循善诱。恰当地运用提问语，比如设问语和反问语，调动学生积极思考，开动脑筋去求知、求解。

在幼儿园，教师运用具有启发性的语言，是调动幼儿学习和思考的主动性和积极性、引导幼儿大胆探索外部世界、建构自己知识和经验的重要方式之一。

[示例]幼儿园里几个小朋友在玩构建游戏，搭建“高速公路”。教师“开着车”停下来问：“我的车在哪里交费？”“对不起，还没建好呢，请过一会儿再来！”过了一会儿，教师注意到他们只搭了两条同向通行的“车道”，于是又问：“回来时我从哪里走？”孩子们一看不对劲儿。“哎呀！对面来的车要是也从这儿过，不是要撞上了吗？赶快在旁边搭一条反向的车道吧！”可是，建筑区已经没有地方了。孩子们你看我，我看你，不知如何是好。教师在旁边出了一个主意：“有没有什么资料可以查一查啊？”这句话提醒了他们。一位小朋友从一幅公路图片上受到启发：“我们可以像搭立交桥似的，搭一个立体双层公路收费站！”

[评析]教师发现了幼儿游戏中存在的问题，就通过提出“我的车在哪里交费？”“回来时我从哪里走？”的问题，提出了具有挑战性、能引发幼儿新旧经验之间冲突的任务，引导幼儿意识到问题之所在；再通过提醒和点拨提供了解决问题的线索，有效地启发幼儿自己想出解决问题的办法：搭一个立体双层公路收费站。

3. 形象性

儿童思维对于形象有很强的依赖性，教师必须善于运用语言创造直觉形象，帮助学生理解、掌握各种抽象事物，比如词语、概念、定理等。否则，良好的教学效果便无从谈起。

幼儿教师运用抑扬顿挫的语调和丰富的面部表情，加以适当夸张的体态语言，能使幼儿活动具有磁铁一般的吸引力。

[示例]在一次语言活动中，幼儿教师让中班的幼儿进行故事表演《微笑》，并给他们戴上了事先准备好的头饰。幼儿很兴奋，随着音乐扮演起了各种小动

物。一会儿，有些幼儿忘记了自己的任务，其中一个扮演小蚂蚁的小朋友在一旁玩起了其他的东西。教师看到了，她大声地对其他小朋友说："小伙伴们，小蚂蚁迷路了，哪个小动物愿意做好事帮他找回自己的同伴，把微笑留给他?"其他小朋友听了，都纷纷过去帮他找到自己的同伴，并使他重新进入了角色中。

[评析]没有简单的说教，没有强制性的呵斥，只是借助于生动具体的情景语言，将幼儿自然地带回教育活动中来。

三、小学主要学科教学口语的特点

小学的主要学科大致上可以分为三类：文科（语文、英语、品德等）、理科（数学、科学等）、技能类学科（音乐、美术、体育等）。这三类学科的教学口语各有其特点。

（一）文科教学口语的特点

小学文科包括语文、品德、英语等课程。这类课程的教学内容以叙述、描述为主，有比较鲜明的感情色彩。因此，其教学用语应当具备形象性、情感性的特点，教学口语要突出描述细致、修辞多样、情感丰富等技巧。

1. 描述细致

在讲述语文课文、英语课文等课程内容时，对于词语的解释、道理的阐述、人物的分析、情景的变化等，应进行具体可感的描述和深入细致的分析。

[示例]语文教师为了让学生理解《鸟的天堂》中"那翠绿的颜色明亮地照耀着我们的眼睛，似乎每一片树叶上都有一个新的生命在颤动"一句，先让学生观察教室外树叶在微风中的各种姿态，然后设计了下面这段内容：

大榕树的叶子绿得发亮，它把生命全部展示给了我们。有的在轻松地摇摆，好像在翩翩起舞；有的左右旋转，好像在摇动着美丽的衣裙；有的发出沙沙的响声，好像在说悄悄话；有的互相簇拥，层层叠叠，好像要把这"天堂"的每一寸土地都铺上绿茵。这是作者精心地描写，他赋予了这些树叶新的生命、新的灵魂。

[评析]教师绘声绘色、生动有趣的讲述，不但帮助学生顺利地理解了课文内容，同时也调动了学生的想象力和思考的积极性。

2. 修辞多样

在刻画人物、讲述情节以及细节描绘中，使用比喻、比拟、夸张、反复、排比、仿词、顶真、对比、双关等修辞手法，可以使讲述更精彩、气氛更活跃，有利于引起学生对讲述内容的兴趣，提高学生的理解力和记忆力。

3. 情感丰富

文科类的教学内容大多形象可感。因此，教师在讲述中要用丰富的情感表达喜怒哀乐，情动于衷而形于声，使话语具有强烈的感染力，深深地打动学生们的心，让他们有身临其境之感。

[示例1]思想品德课中讲到了“可爱的家乡”，一位教师这样讲述：

有这么几句谚语，我领着大家来念一念：“天是家乡的蓝，树是家乡的绿；人是家乡的亲，土是家乡的肥；喝遍家乡的水，最甜的是故乡；走遍家乡的路，最亲的是故乡。”我们最喜欢的正是自己从小生长的地方，最难忘的也是自己从小生活的环境。我们热爱自己的家乡，就是热爱自己的祖国，因为祖国就是我们所有中国人的家呀！然而，热爱家乡并不是嘴上说说而已，需要我们真正去了解自己的家园，去仔细地学习和观察：家乡的山美在哪儿？水美在哪儿？人美在哪儿呢？我们不仅要为她的美丽喝彩，更重要的是要为她的美丽去贡献自己的力量。

[评析]教师这番语重心长的话语，以贴近生活的谚语和深情入理的设疑，将学生们带入了欣赏家乡、赞美家乡、建设家乡的主题中，唤起了学生们热爱自己家园的真挚情感，使学生们深深懂得保护家园、热爱家园就是为祖国的繁荣做贡献。

[示例2]小学语文《蚕》一文的讲读片段

教师：课文写了母亲的外貌、神态。母亲看到蚕儿在生命开始时“微笑着”，她是一位和蔼可亲的母亲。看着小得像蚂蚁的蚕，母亲为什么微笑呢？(学生回答)说得对，蚕茧换钱可以给孩子们交学费。也许她想，到了那一天，孩子们背着小书包，一蹦一跳地上学去，她心里喜欢，所以“微笑”了……课文最后一句话是“我抬起头，看见母亲两鬓又添了一些银丝”。一个“又”字告诉我们，母亲一年年地劳累，起早贪黑，日夜操劳，显得更老了！银白的头发在风中飘拂，看着怎不叫人心酸啊！

[评析]教师的讲读流露出同情、尊敬的感情，而且抓住“微笑着”“两鬓又添了一些银丝”这两处“动情点”，对其外貌、神态和心理做静态的描述和渲染，使学生更深刻地感受母亲的高尚品格，这样的讲述，使感情的传导性更强烈了。

(二)理科教学口语的特点

小学理科包括数学、科学等课程。教师在课堂教学中，主要运用说明性口语解释概念、揭示原理、解析例题，所以其教学口语具有简洁、准确清晰、逻辑严密的特点。

1. 简洁

教师对教学内容的阐释，一般以直表的方式来突出重点，抓住关键，说得清楚明白、毫不含糊。

2. 准确清晰

教师在表述教学内容时，择词用语要审慎，讲授须准确无误。例如，数学教师在讲课时要注意用“数学语言”做精确的表述，而不能一味地追求形象和生动。在容易造成误解的地方，要变换角度做准确的追加复释。说话要语气确定，语调平稳，语速不能太快。

3. 逻辑严密

要正确地使用概念，周密地进行判断，合乎逻辑地进行推导。要运用重音、顿连等，体现句子、语段之间的因果、递进、转折及归纳、演绎等逻辑关系。

[示例1]一道应用题的讲解

王村供销社购进白糖650千克，购进的红糖数再加上230千克，就和白糖数相等。问购进红糖多少千克？

教师：我们已经知道，购进的白糖是650千克，购进的红糖数再加上230千克才和白糖数相等。这样，我们可以列出这样的式子：红糖千克数+230千克=白糖千克数。这个式子告诉我们，必须在白糖的650千克里减去红糖比白糖少的230千克，才可以求出红糖的千克数。这样，我们就可以列出这样的式子：650-230=420(千克)。

[评析]教师先将题目中的数量关系做准确简单的交代，然后紧扣这两个数的内在联系，层层深入地列出两个算式，做合乎逻辑的推导，最后水到渠成，得出解题的算式。

[示例2]《太阳》一课的讲解

太阳是一颗能够发光的恒星，太阳的半径接近70万千米，它的体积大约有130万个地球那么大。太阳离地球大约15000万千米，因此我们看到的太阳并不是很大。而太阳每年送给地球的能量比全世界现有的发电总量还大几十万倍呢！我们看到的太阳大气，从里到外大致可分为光球、色球、日冕三层。其中温度最低的是光球，为五六千度，有几百米厚；中间的色球热度达到几万度，厚度也达到几万千米；最外层的日冕温度有100万度，它的范围有十几个太阳半径那么大。我们平时看到的太阳表面是光球层。

[评析]这段教学口语平实朴素、自然鲜明，其中包含准确的数据、科学的说明、恰当的对比、清晰的描述等，使学生们从理论上、科学上真正认识与他们朝夕相伴的太阳。

(三)技能类学科教学口语的特点

技能类学科包括音乐、美术、体育等课程。这类课程要求教师在教学口语中突出体现示范讲解、要领提示、指令简明等相关口语技巧。

1. 示范讲解

是指技能类学科教学在进行声音示范、造型示范、动作示范等过程中的口语解说。它要求言语简单明确,语音清楚洪亮,话语与示范自然协调。

2. 要领提示

是指教学口语中技能性要领抓得准,提示性言语说得清,以引起学生们的注意,让他们尽快掌握关键性的技能内容。

3. 指令简明

体育课上经常有各种口令,像列队口令“稍息、立正、向右看齐、向前看”;行进口令“齐步走,跑步走,一二一,立定”;竞赛口令“各就位——预备——跑”等。在喊口令时,教师要吐字清晰,语调顿挫,简洁有力,给人一种精神饱满、干净利落的感觉;并要随时观察学生的反应,尽量使口令适用所有学生的反应速度。

[示例1]美术老师教学生做“纸浮雕塔松”

今天我们用纸来做一个漂亮的浮雕塔松,方法是这样的:请大家拿出一张稍厚一点的纸,然后用铅笔像老师一样将塔松的样子画到纸上。请大家听好,画时要注意三点:第一,从上到下一层层的松针是先小后大,形成一个宝塔状;第二,每一层的松针不要分得太多太细,7~10个分叉就可以了;第三,要将每一层松针的顶端画虚线,将其余部分画实线。画好后用小刀慢慢地将画实线部分刻开,最后再将刻开的每一层松叶按虚线部分轻轻折起,一个浮雕塔松就完成了。

[评析]老师的讲述特别强调了画塔松的关键点,并用了“第一”“第二”“第三”这样的序数词来引起学生的注意,语义清晰。当学生掌握了要领后就会很容易地画出来,从而顺利地完成自己的纸雕作品。

[示例2]劳动技能课“钉纽扣”教学片段

师:语文书上这张画,邓奶奶在做什么?

生:她在给周总理补睡衣。

师:是的。邓奶奶戴着老花镜,给周总理补穿得很旧的睡衣。现在生活好了,我们也不能丢掉艰苦奋斗的光荣传统。要勤劳,自己的事要自己做。今天我们学点针线活儿,大家愿不愿意?

生:愿意!

师:我们学钉纽扣儿。请大家跟着我,学着做。先穿针,把线穿过针孔,线的另外一头要打个结。为什么要打一个结呢?谁说说看?

生:不打结,线就一下子抽过来了。

师：是呀，线抽了过来，纽扣怎么钉得上去呢？好，现在摆纽扣，请大家把纽扣摆在正对扣眼的地方。注意，不但要正对扣眼，还要同别的纽扣排在一条线上，上下一定要对齐。我来看看，（巡视）摆得很好——啊呀，有的人扣眼没对准，上下也没对齐，这么钉，穿起来会是什么样子呀？

生：穿起来就鼓鼓囊囊的了。

师：那多难看呀！……现在开始钉了。请大家用左手的拇指压住纽扣，右手拿针，看，像我这样——从衣服的后面对准扣眼，穿过来，抽出针，把线拉紧一点；再把针从另外一个扣眼扎进去，穿过来，把线拉紧，多钉几道，线在扣眼上钉成“十”字形就更好看了。最后别忘了在反面打个结。线头不打结行不行？

生：不行。不打结线就散了，扣子就会掉。

师：对啊！那不是白钉了吗？所以，结一定要打牢。打过结，把多余的线剪掉，扣子就钉好了。

[**评析**]教师的用语很好地体现了技能训练课的特点。教师边演示边做辅助性的讲述，并且适时发出指令，让学生按规定的动作和程序进行操作，操作的提示用语简明、准确、针对性强，通过巡视、提问，对摆纽扣和给线头打结等关键处做了亲切、风趣的追加和提示，保证了训练的有效性。

四、学前不同领域教学口语的特点

为方便教学，我们把幼儿园五大教学领域的口语表达分成三类：语言、社会领域的教学口语表达；科学领域的教学口语表达；艺术、健康领域的教学口语表达。这三类教学领域的教学口语具有不同的特点。

（一）语言、社会领域教学口语的特点

1. 形象性

通过直观形象的语言唤起幼儿的真切感知，激发幼儿去想象、联想。该领域的教学口语应使用色彩鲜明、悦耳动听、形象具体的词语来介绍和描述动人的画面或情境，口语形式上应具有优美动听的声韵、起伏变化的语调、和谐铿锵的节奏等。

[**示例**]游戏：幼儿穿上少数民族的服装，在欢乐的乐声中坐上“小火车”（小板凳）玩“小板凳摆一排，小朋友们坐上来”的游戏。老师扮“导游小姐”。

师：亲爱的各族同胞们！你们从遥远的地方来到首都北京参观游览，我代表北京人民热烈欢迎你们！（鼓掌）北京，有壮丽的天安门、雄伟的万里长城、庄严的故宫、美丽的颐和园，还有现代化的儿童少年活动中心。我将带着你们游遍北京，看看北京的大好风光！

[评析]老师以导游小姐的口气,用优美的语言、亲切动人的语调向幼儿介绍了北京风光,有意识地教给幼儿壮丽、雄伟、庄严、美丽等词语。由于这些词语是在特定的语境中出现的,又紧密联系着那些风光,因而显得形象有活力。同时,老师还运用了描述和抒情的句子,这样的口语就更具形象化色彩了。

2. 情感性

幼儿教学应以情感熏陶为主,语言、社会领域的教学用语尤其需要具有情感性。其情感性体现在教师的感情抒发上,教师用美好的心灵和对幼儿的热爱来感染、感动幼儿,培养他们丰富的情感、良好的品性。教学口语的情感性也体现在语言本身。情感性的口语包括富有感情色彩的词语,抒情的句子,动情的语气、语调等。

[示例]当一个孩子路过花园折了一枝花拿到幼儿园时,老师没有简单地批评他,而是把全班的小朋友带到花园赏花。老师边欣赏边对小朋友们说:“你们看这榆叶梅多好看啊,引来了许多蜜蜂采蜜。花园里还有月季花、美人蕉、一串红,都争着比美。你们说,这些花是长在花园里好看呢,还是折下来让它枯死好呢?”

[评析]老师通过赏花这一活动,引导幼儿爱花、护花。老师说话的语调饱含对花的喜爱,因而具有激发情感的作用。特别是最后一句问话,正点到孩子的“痛”处,让他有所触动。

教学口语的情感性体现在各种活动中,教师要在进行“音乐故事”“画故事”的教学活动中,用生动的语言去表现同样生动的意境,从而引导幼儿体验、感受其中流露的感情。久而久之,他们的感受力、欣赏力、理解力就会有所提高,他们的情感也会得到丰富和深化,语言表达能力也会得到提高。

(二)科学领域教学口语的特点

幼儿园科学领域的教学内容以传授知识、发展能力为主,所以它的用语要求准确、严谨,有一定的逻辑性。

1. 准确性

指表述概念时要清楚恰当,用词准确无误,不能模棱两可。

[示例]幼儿教师教幼儿数的守恒知识。教师先发给每个幼儿 10 个彩色扣子,让他们任意摆放。幼儿操作完以后,教师问:不论你们怎么摆放,10 个扣子的数量变没变?(幼儿回答)对,扣子的数量没有变,一个不多,一个不少。把扣子换成别的东西,是不是也这样呢?好,现在老师告诉你们:一组东西的数目,不管它排成什么样子,也不管它多大多小,这组东西的数目都是不变的。

[评析]教师这一关键性的总结切中要害,道出了数的守恒规律,用语准确

恰当，语气肯定，给孩子不容置疑的感觉。

2. 严谨性

要求用语严密、审慎，没有疏漏，条理清晰，有一定的逻辑性。幼儿教师必须具备一定的逻辑思维能力，只有这样，才能深入浅出，把话说明白，让幼儿易于接受、乐于接受。

（三）艺术、健康领域教学口语的特点

幼儿园艺术、健康领域的教学大都通过活动进行。教师说话不多，但教师的话常伴随示范性动作，与动作同步。因此，该领域的教学口语常带有指令性、提示性、演示性等特点，语言简练、明快。

1. 指令性

所谓指令，即幼儿教师向幼儿提出要求，发出命令。

［示例］老师发给每个幼儿一张画着干树枝的白纸，对幼儿说：春天来了，小树该发芽了。小嫩芽什么颜色？什么样子？请小朋友从彩笔盒里找出绿色彩笔来！（幼儿找）

老师在树枝上轻轻点了几个点儿。（幼儿模仿）

老师提醒："要在靠近树枝的地方点，不要离树枝太远！"

［评析］老师告诉幼儿拿什么学习用具、该怎样画、不该怎样画，老师发一句指令，幼儿有一个行动。在老师的指令下，幼儿很快学会画绿芽。

2. 提示性

所谓提示，即教师对教学的内容、要点、做法进行点拨，重在让幼儿理解、感受并掌握。教师先讲，启发提示幼儿按教师的要求去做。有时可在幼儿想不出或不会做的情况下，从另一角度给幼儿提醒，以开启他们的思路，使幼儿豁然开朗。

［示例］让幼儿听采果子乐曲，做采果子的律动。老师提示说："我们到果园采果子去！采果子时，小朋友要抬头，看看哪个果子成熟了可以摘了，再举手去摘，大家随着乐曲做抬头、举手、摘果子的动作，动作要活泼优美。"

［评析］老师的提示一方面把幼儿的想象引进果树成林、果实满枝的美妙情景中，使他们感受到丰收的喜悦和劳动的欢乐，还使他们学会了如何去劳动。老师的口语有想象力、启发性，简练明快。

3. 演示性

所谓演示，即教师边演示边讲解，有时甚至不讲解，只配合教学内容进行演示。例如教《摇啊摇》歌曲时，教师就可以一面唱，一面按歌词意思同时做抱娃娃、摇娃娃、拍娃娃、把娃娃放在床上、给娃娃盖被子、摇动小床、哄娃娃入睡等动作。

第二节　主要教学环节的口语表达训练

课堂教学是教学口语运用的主要阵地。根据教学口语在课堂教学的不同环节中体现出来的作用和方式，教学口语可分为导入语、讲授语、提问语、评价语、应变语和结束语等几种。

一、导入语

“良好的开端是成功的一半。”教师在上课之初，通过几句话集中起学生的注意力，激起学生强烈的学习兴趣和热情，可为整个课堂教学打下良好的基础。

（一）导入语的含义和作用

导入语又叫导语、开场白，是教师在正式讲授之前，根据课文或章节内容所设计的激发学生学习兴趣的话。

成功地运用导入语，能够起到以下几个方面的作用：

第一，激起兴趣，引发动机。兴趣是最好的老师，是推动学生学习的一种最实际、最有效的动力。“善导”的教师，总是十分重视导入语的设计，用以激起学生强烈的求知欲望。

第二，引起注意，导入情境。注意是心理活动对一定对象的指向与集中。上课开始时把学生的注意力迅速集中并指向特定的教学任务和程序之中，为完成新的学习任务做好心理准备，是教学导入语的一个重要功能。

第三，沟通情感，活跃气氛。和谐的课堂气氛来自师生情感的交融和心灵的沟通。通过恰当的导入语，能够为师生构筑起融洽的交流环境。在这种良好的交流环境中，双边教学活动才能够顺利进行，从而增强课堂教学的整体效果。

第四，承上启下，明确目的。导入语是沟通“旧知”与“新知”的媒介。教师由旧入新的导入语，既能体现知识的整体性与连贯性，又能帮助学生复习旧知、明确新知，使学生了解自己要做什么，从而把他们的内部动力充分调动起来。

（二）导入语的要求

导入语是架在师生之间的第一座桥梁。成功的导入语如同缓缓拉开的序幕，促使学生目不转睛地观看精美的布景；又像打开了知识殿堂的大门，引导学生登堂入室。所以，教师一定要精心设计导入语。

设计导入语时要注意以下几点：

1. 求贴切,要准确严密

导入语首先要切合主题,紧扣教学内容,避免离题千里,不知所云。其次,语言、形式要恰当、准确、严密,避免模棱两可,使学生的理解产生偏差。

2. 求精练,要充实概括

导入语是引子,要简洁,它虽不是讲课的重点,但绝不是可有可无的点缀,当然也不必大篇幅展开论述。导入时间不能太长,要控制在几分钟之内,避免冗长拖沓,喧宾夺主。

3. 求巧妙,要新奇有趣

导入语的形式要巧妙新颖,内容要丰富多彩。语言新奇巧妙,才能吸引学生,但要避免哗众取宠、故弄玄虚。语言过于庄重,容易给学生造成压抑感,不利于沟通感情;语言过于低俗,则不能产生美感,会令学生厌烦。所以,成功的导入语应是根据教学内容而设计出的适合教学对象的、易于激起师生共鸣的、庄谐适度的文明语言。

4. 设情景,要激疑启智

导入语可以围绕教学目标设置情景,设疑布阵,引发悬念,促使学生思考,启迪学生智慧,提高学生的学习自主性。但应注意的是,问题设计要难易适度,过难会挫伤学生的学习积极性,过易则失去其应有的作用。

(三)导入语的主要形式

“水无常形,教无定法。”教学没有固定的形式,一节课如何开头也没有固定的方法。由于教学对象和教学内容不同,每节课的导入语自然不应相同。一般来说,常见的导入语有以下几种形式:

1. 故事型导入语

故事导入,就是教师用与要讲的内容相关的或现成或创编的故事来吸引学生的注意力,以激发学生学习的积极性。对儿童来说,故事永远有着很强的吸引力和诱惑力,精彩的故事配以教师生动、惟妙惟肖的讲述,极易引导儿童进入生动有趣的情景中,活跃儿童的思维,发展其想象力。

[示例]幼儿音乐活动“粗心的小画家”中的导入语

今天,老师给小朋友们讲一个故事。有一个小朋友叫“丁丁”,他很喜欢画画,他画螃蟹四条腿,他画鸭子尖嘴巴,画只兔子圆耳朵,画匹大马没尾巴,你们说他是一个什么样的画家呢?对,今后我们无论做什么事情都要细心,仔细观察,千万不能马马虎虎。今天,我们来学习歌曲《粗心的小画家》。

[评析]教师以故事的形式导入新课,能吸引幼儿的注意力,调动了幼儿的学习积极性。

采用故事导入的目的就是激发学生的学习兴趣,因此要注意故事的语言应生动形象,否则就无法产生吸引力。

2. 情境型导入语

情境导入,就是教师根据不同的教学内容,设置不同的教学情境,使学生有一种身临其境的感觉,从而激发学生学习的积极性。情境导入法适合情感色彩比较浓厚的课文。导入语多用情感鲜明的词语,常使用感叹、排比、设问、呼告、拟人、夸张等修辞手法。

[示例1]语文教师教授《四季》一文时,可以运用情境导入法:

(边播放音乐边朗诵)秋天到,秋天到,园里果子长得好,枝头结柿子,架上挂葡萄,黄澄澄的那是梨,红彤彤的这是枣。同学们,诗歌描写了哪个季节的景色?一年四季中你最喜欢哪个季节?

[示例2]幼儿园小班看图讲述活动——森林音乐会。教师这样导入:

夏天来了,草绿了,花儿开了,森林里的小动物在开音乐会呢!你们看,谁来了?(老师演示课件:背景森林,小熊、大象、小猫、小青蛙等)

在运用情境导入法时,要注意考虑学生已有的生活经验和现实素材,语言要富有文学色彩,描绘的情境应是学生们熟悉的。

3. 实验型导入语

实验型导入语,是指教师采用简单直观的实验手段,以激发学生学习兴趣的一种导入语。这种导入语十分简练,且直观形象,多用于理科教学。

[示例]一位教师在讲"大气的压强"这节课时,是这样导入新课的:

教师先将硬纸片平放在平口玻璃杯口,用手扶住并倒置过来,让学生注意看放手后硬纸片掉下来。教师再将玻璃杯装满水,仍用硬纸片盖住玻璃杯口,用手按住并倒置过来,放手后硬纸片却没有掉下来,再把杯子转一圈,硬纸片仍然没有掉下来。教师问:"同学们想知道硬纸片不会掉下来的原因吗?学习了这节课的知识,大家就明白了。"

需要注意的是,实验导入如果过于复杂或用学生从未接触过的仪器,会使导入时间过长,分散学生的注意力,不易发现与所学内容的联系,从而削弱学生的学习兴趣。因此,使用这种导入方法,最好用简单的实验导入。

4. 教具型导入语

教具导入,就是教师开始教学时,通过运用与教学有关的教具,达到以调动学生学习积极性为目的的方法。

[示例1]科学教师教授"益虫和害虫"运用图片导入

师:同学们认识不认识这两个小动物?

生：认识，它们都是昆虫，左边的图是蜜蜂，右边的图是苍蝇。

师：同学们！你们想过没有，在日常生活中蜜蜂和苍蝇谁好谁坏呢？

生：蜜蜂好，苍蝇坏。（回答踊跃）

师：谁能说说蜜蜂好在哪儿，苍蝇坏在哪儿？

生甲：蜜蜂能为人们提供香甜的食物，它酿出来的蜜比糖还好吃哩。

生乙：苍蝇影响人们休息，整天在屋里嗡嗡乱叫，落在食物上弄脏了食物。

生丙：苍蝇还能传染疾病危害人的身体呢！

师：同学们答的都非常正确，像蜜蜂这类昆虫对人们有好处，我们就尊称它为“益虫”（板书）；像苍蝇这类昆虫对人们没有好处，我们就称它为“害虫”（板书）。这节课我们就来学习关于益虫和害虫的知识，看看我们的周围还有哪些益虫，需要我们去保护，还有哪些害虫，等待着我们去消灭。

[评析]这个导入语用形象、逼真的教学挂图吸引学生，把学生从图中的所见引到实际，凭学生的经验体会到蜜蜂对人们有好处，苍蝇对人们有坏处。通过学生的看、想、悟、说，教师做总结，顺理成章地导入新课，做到知识化和思想化的和谐统一，增强了学生急于保护益虫、消灭害虫的使命感，取得了良好的教学效果。

[示例2]幼儿音乐活动“丢手绢”的导入语可以这样说：“今天，老师带来一些东西，你们看是什么东西？”（出示手绢）师示范游戏，并总结：“今天我们就来学习这首歌曲，叫《丢手绢》。”

[评析]幼儿园教学中，以实物、玩具、图片、贴绒等道具演示的形式导入新课，直观形象，幼儿既感兴趣，又容易理解。

5. 知识型导入语

知识导入，就是教师在讲授新课前，通过提问、做练习等复习旧知识的教学活动，达到为学生学习新知识提供支撑点这一目的。运用知识导入时，设计的导入语一定要把新旧知识连接起来。

6. 随机型导入语

随机导入，是指在教学过程中教师根据现场情况与新课内容的联系，随机应变地设计导入的方法。这种随机应变、临场即兴设计导入语的方法，难度较大。若教师能发挥机智，及时设计出新颖别致的导入语，一定会提高学生学习的积极性和主动性。

[示例1]教师和学生一起观看日环食后，正好有一节数学课。虽然已经上课了，但同学们仍在议论纷纷，一时难以平静。这位教师根据当时的情境，设计了新颖的导入语：

刚才我和同学们观察了百年一遇的天象奇观——日环食。相信天空中那金黄色的美丽光环将永远留在我们的记忆之中。我们不仅要观测它,而且还要研究它。你们知道地球、月亮运转的轨道是什么吗?就是我们今天要学习的椭圆。

[评析]教师用几句话,就把学生引到课堂学习中来。

[示例2]在一次户外观察花的活动中,教师刚要引导幼儿仔细观察花的颜色和形状,突然一位小朋友喊起来:"蝴蝶、蝴蝶,有蝴蝶!"其他小朋友听见喊声都跑了过去,争着看蝴蝶。这位教师也跟了过去,说:"蝴蝶最喜欢花,我们看看,蝴蝶到了哪些形状的花上玩耍,喜欢和哪些花交朋友?"听老师这么一说,幼儿都积极地观察,争先恐后地说着蝴蝶喜欢哪朵花,这朵花是什么颜色、什么形状等。

[评析]这位幼儿教师因势利导,使活动达到了预期目标,幼儿也非常积极、主动,从中得到了满足。

要想运用好随机型导入语,教师要有足够的机智,导入语内容应该与现场情况的联系自然巧妙,注意避免生拉硬扯、牵强附会。

7. 谈话型导入语

谈话导入就是教师运用谈话的形式,把学生们当朋友似的,你一言我一语地交流,从而引入要讲的课。

[示例]幼儿园中班科学活动"风娃娃",教师这样导入:

教师首先出示点亮的蜡烛,问幼儿:"用什么办法可以使蜡烛熄灭?"

幼儿:吹气。

师:为什么吹气可以使蜡烛熄灭?

幼儿:产生风。

师:小朋友,现在教室里有风吗?请小朋友们想一想,怎么样就会有风了?

(幼儿用各种材料扇动)

师:你刚才用什么办法产生了风?

(幼儿抢答)

师:小朋友,为什么可以产生风呢?

[评析]这位教师通过跟幼儿谈话,层层追问,沿着"空气流动"这一脉络导入新的教学内容,这样,幼儿对知识的理解更加深刻,而且也锻炼了思维。

运用谈话型导入语时,语言要清楚、简练、易于交流。

8. 游戏型导入语

游戏导入,就是教师通过游戏活动来导入新课。

[示例]老师微笑着走上讲台:“今天,我请同学们猜一个谜语,看哪些聪明的小朋友猜得对。”话音刚落,全班同学脸上露出欣喜的笑容,目光全集中在老师的脸上,全神贯注地听着。

老师以清晰的语言,一板一眼地说:“谜面是:家里有根藤,藤上结个瓜,一到太阳落,瓜上开红花。”不一会儿,有许多同学举手要求回答,老师请了一名男同学站起来。这位同学大声说:“电灯!”

“对!”全班同学报以热烈的掌声。

老师称赞他猜得好,又问他:“你是根据什么猜出来的?”

经过他的回答和几个同学的补充,最后得出:“藤”比的是电线,“瓜”比的是灯泡,太阳落山天黑了,一拉开关电灯就像“开花”了。

[评析]老师采用猜谜语的游戏方式,使小学生在轻松的气氛中进入正式学习。

(四)导入语训练

1. 读一读下面几则导入语,分析导入语的类型和作用。

(1)乘法教学导入语

教师:有个同学叫李明,同你们一样,上三年级。他过生日那天,爸爸带他去吃拉面。大师傅一次拉一碗面条。师傅把一根又粗又长的面对折了一下拉长,又对折又拉长,反复这么拉了 10 次,李明和他爸爸看得津津有味。后来一碗面条端上来了。爸爸问李明:“你知道这碗面条有多少根吗?”李明在桌上写写画画,一口报出:“这碗面条有 1024 根。”爸爸笑着点点头。这李明真神了,他怎么知道这一碗面条中有 1024 根面条的?

(2)语文教学《雪地里的小画家》导入语

师:小朋友们好!现在我们来做一个游戏。小朋友画画的时候,又要用笔又要用颜料,可我不用颜料不用笔也能画画。不信,你们瞧——(师在一涂满白粉笔的黑板上拍出一手印)

师:你们看,我画的是什么?

生:是手印。

师:我呀,画的是鸽子。这(指大拇指印儿)是鸽子的头,这(指四指并拢的印儿)是它的翅膀,它正在飞翔呢!你们看,像不像?

生:像,我也来画,我也来画。

(请同学到前面“画”,并说说像什么)

生甲:(学老师的样子拍)我画的是小鸟。

生乙:(手呈“V”形拍)我画的是小兔,这是它的长耳朵。

师：大家画得可真棒！我送给大家一个词——（板书：小画家）请大家读出来，并自豪地说："我是小画家。"

（生兴奋地读）

师：小画家们！冬天来了，冬爷爷是个魔术师，他"呼"地一吹，满天飘起了白雪，大地都变白了，就像铺上了一层地毯。在这美丽的雪地里，来了几位动物朋友（贴小动物图），它们说，它们也是小画家，它们是——（板书：雪地里的小画家）（生读题——雪地里的小画家）。

2. 自选幼儿园大、中、小班活动课题各一个，设计导入语并进行口语表达练习。

二、讲授语

讲授语是使用频率最高、运用最广泛的教学语言。讲授语既要规范、明晰、准确、流畅，还需针对学生特点，讲得通俗、生动、活泼，带有趣味性、启发性，使学生觉得学习是一种快乐，而不是一种负担。

（一）讲授语的含义和作用

讲授语是指教师系统、完整地向学生讲解教材、传授知识和技能、培养情感和价值观的教学语言形式。它是课堂教学中最基本的语言表达形式，是教学语言的主体。

讲授语具有以下作用：

第一，传授知识，解疑释惑。教师运用讲授语的首要目标，是把知识准确清晰地呈现在学生面前，使之记牢、会用。所以，教师课堂的每一段讲解都应针对学生学习中的疑点和难点以及新知识的要点进行设计。教师设计的一个个讲解片段，既是构成课堂教学的整体框架，又是实现教学目标的明晰线索。

第二，启发思维，培养能力。教师在设计讲授语时，要深入钻研教材，正确掌握知识，分析学生的认知结构及课堂心态，灵活运用语言，努力使讲解内容句句叩击学生的心扉、抓住学生的思维、开启学生的智慧。教师要努力做到讲解的内容和学生的求知渴望合拍，授课思路与学生的探寻心理相通，在已知和未知之间为学生架通思维的桥梁。只有这样，才能促进学生把知识转化为能力。

第三，传道育人，培养习惯。课堂教学讲解也要实现德育的目标。当然，德育目标的实现不是生拉硬扯的，也不是贴标签式的。成功的讲解应该以积极向上的思想感情影响学生，使他们受到良好的道德品质和行为规范的教育；应该以健康的审美情感熏陶学生，促进他们形成健康的审美观；应该以正确的思维方法训练学生，培养他们良好的思维个性和勤学多思的学习习惯。

(二)讲授语的要求

教师运用讲授语,必须遵循教学规律,向学生正确传授知识,培养熟练技能,完善学生人格。具体来说,讲授语应该符合下列要求:

1. 要严谨科学

教师授课的任务之一就是向学生传授科学知识,进行思想教育,训练工作技能。所以教师的讲授语必须要严谨正确,服从科学。不管是叙事状物,还是论理,都必须严谨科学、实事求是、准确无误。一般要讲清"是什么""为什么""怎么做"。不能含糊其词、云山雾罩,脱离教材进行漫无目的的旁征博引,坚决反对把伪科学、反科学的东西带进课堂。

2. 要循序渐进

任何学科的知识和技能,都有自身存在的科学体系和内在规律。教师讲授、学生接收必须遵循认知规律,按规律办事。讲授知识前,要根据学生的知识、经验和认知规律,制订由浅入深、由近及远、由具体到抽象的讲授计划。讲授时要按照事先准备好的内容和次序,有条不紊、循序渐进地进行。随意穿插无关内容,随意颠倒讲授顺序,必然导致教学效率的下降。

3. 要生动传神

平淡死板的授课方式是扼杀学生求知欲望的杀手。生动形象、感情充沛、充满活力的讲授语,能够使学生集中注意力,形成共鸣,从而激发他们的学习兴趣,提高学习积极性。为使讲授语生动、形象、传情,教师一定要全面把握所讲知识,熟练运用传统和现代的教学手段,要注意言语精确、通俗,有逻辑性、启发性,恰当使用专业术语。讲授要像捅窗户纸——一点即破,使学生豁然开朗、一目了然。

4. 要因材施教

教师要根据教学目标,从教材和学生的实际出发,正确地分析教材、确定教学方法,因材施教。做到对学生、对教材、对教法心中有数,该讲的地方一定要讲,而且要讲到点子上。要讲重点、难点,讲学生不理解或容易误解的地方,讲学生似懂非懂、不能深入的地方。要分对象、分主次地讲深、点透。要注意不同年龄段学生的心理特点,控制讲授时间和讲授深度。

(三)讲授语的形式

课堂讲授,一般由讲析、归纳、点拨三部分构成。与此相适应的讲授语,同样形成三种基本形态,即讲析型、归纳型、点拨型。

1. 讲析型讲授语

它是教师讲课时用于口头分析的语言。所谓分析,就是把教材中所包含的各种因素剖析清楚。譬如,揭示教材中的词句、概念、定理、公式、法则等含义;讲解一种现象是在什么条件下形成的,包含哪些知识或技巧,有什么意义或价值。只有教师条分缕析地把这些道理讲出来,学生才能既知其然又知其所以然。

讲析的方法是多种多样的,既可以按因果关系讲析,也可以从比较入手讲析;既可以采用比喻的方式讲析,也可以用类比的方式讲析;既可以概括地讲析,也可以分层次讲析;既可以举例,又可以引用。

[示例]一位语文教师在讲解《刻舟求剑》时,就运用了类比的方式:

师:同学们,听老师讲个故事。一个孩子经常做饭,一家三口两碗米,天天这样。有一次,忽然来了一位客人,而孩子做饭时仍然只放两碗米。吃着吃着,饭不够了,这时,孩子发现自己不对了。那么,她哪一点做得不对?为什么不对呢?

生甲:她少放了一碗米。

生乙:她按老办法做事。

生丙:她不懂得多一个人吃饭,做饭用的米也应该增多的道理。四个人也放两碗米,是她看不到情况的发展变化。

师:从做饭这件事联系到"刻舟求剑"的那个人,是不是说明同一个道理呢?

[评析]该教师通过类比讲授,让学生对寓言所反映的做事古板、不知变通的人有了更形象、更丰富的认识,从而加深了对寓言本身的理解。

2. 归纳型讲授语

人们认识事物常常要经过由感性到理性、由现象到本质、由局部到整体的过程。所以,教师讲授教学内容也要遵循这个规律。教师在授课时,可以先归纳后讲析,也可以先讲析后归纳,还可以边讲析边归纳。归纳型讲授语,在语文教学中主要用于概括段落和篇章大意,在理科教学中主要用于公式定理的推导,在其他学科的教学中主要用于总结教学。教师在使用归纳语讲授时,选例要准确,既要把握住个别例证中所包含的共同特征,也要注意结论的普遍正确性。

[示例1]幼儿教师在语言活动中这样讲述:

云彩是轻轻的,风也是轻轻的;小船是轻轻的,划起来也是轻轻的。那么,还有哪些东西是轻轻的?它们动起来也是轻轻的?教师引导幼儿先用叙述性语言表达自己的想法,然后在教师的帮助下形成诗句。幼儿创编出诗句,如"轻轻的摇篮轻轻地摇""轻轻的鱼儿轻轻地游""轻轻的浪花轻轻地翻""轻轻的风儿轻轻地吹”等,最后教师与幼儿一起充满感情地、轻轻地朗诵幼儿自编的儿歌。

[评析] 整堂教学活动没有欢歌笑语,没有大起大落的环节,没有紧张和刺激,只有师生的一片陶醉。

[示例 2] 一位数学教师在讲授“推导圆周率”时就运用了先讲析后归纳的方式:

我们刚才把直径分别是 1 分米、1.5 分米、2 分米的圆形硬纸板在米尺上滚动了一周,得到了这三个圆的周长大约是 3.14 分米、4.71 分米、6.28 分米。我们可以直接看出,第一个圆、第二个圆、第三个圆的周长分别是它们直径的三倍多一些。课后我们还可以用直径不同的圆在米尺上滚动,也可以发现,圆的周长总是直径的三倍多一些。这个倍数是个固定的数,我们把它叫作圆周率。因此,圆周长 = 直径 × 圆周率。

[评析] 对于圆周率这个概念,该教师没有做直接阐述,而是运用动手操作的方式引导学生思考、分析、归纳,最后让学生自己得出结论。这样既可以训练学生的思维能力,同时也可以培养学生的表达能力。

3. 点拨型讲授语

点拨型讲授语,是教师为了纠正学生在听课过程中出现的不正确的思维和不正确的观点而使用的语言。教师运用点拨型讲授语创设一种认知情境,引导学生自己去解决知识的难点,以达到使学生茅塞顿开的教学效果。

[示例 1] 一位语文教师在讲《冬眠》一文时,引导学生理解“冬眠”一词:

师:眠是什么意思?

生:是睡觉的意思。

师:冬眠呢?

生:冬眠是冬天睡觉的意思。

师:人在冬天也睡觉,这是冬眠吗?

生:(知道回答有误)不是。冬眠是指动物在冬天不吃不喝,只睡觉。

师:(风趣地)噢,骑兵部队的战马到冬天不吃不喝,睡觉了,敌人来了怎么办?

生:(笑了,知道又错了,于是补充)冬眠是指有的动物在冬天不吃不喝去睡觉。

师:这样解释就对了。冬眠是指有些动物,如青蛙、蛇在冬天不吃不喝,一直睡一个冬天。看来把词理解准确是要动一番脑筋的。

[示例 2] 小班童话故事《胆小先生》是个十分诙谐幽默且充满生活哲理的

小故事。在讲述过程中,教师分主次向幼儿提问:

大老鼠闯进胆小先生家,胆小先生是怎么做的?胆小先生为什么让大老鼠住进地下室?(鼓励幼儿用口语和体态语言表现出来)大老鼠和胆小先生换房子,大老鼠是怎样做的?胆小先生又是怎样做的?房子换成后,大老鼠又是怎样做的?(幼儿表现大老鼠凶狠、快乐的样子以及胆小先生害怕的样子)大老鼠要赶走胆小先生,这下胆小先生怎么样了?(幼儿创造性地表现胆小先生愤怒的样子和追打老鼠的勇敢行为)

(四)讲授语训练

1. 下面是一位语文教师在教《清清的溪水》一文时的教学片段,请在阅读后指出哪一处是讲授语?它属于哪一种讲授语?并说说它的好处。

师:我们来自由地读读课文4-8自然段。(生读,师巡视)刚才大家读得挺认真。通过读书,你体会到小兔子当时的心情了吗?

生甲:体会到了。小兔子当时很生气。

生乙:很着急。

生丙:很气愤。

师:说得很对。那么,我们应该怎么读出小兔子的这种心情呢?

现在就请同学们在小组内练习,充满感情地读小兔子的这三句话。(生练读,师巡视。出示"你们毁掉了树林,也毁了小溪")小兔子气愤地说出的话,谁愿意来读这句话?

(生读,语调平淡)

师:大家听出小兔子很气愤了吗?

生:没有。

师:大家曾经因为某件事情而气愤过吗?想一想,气愤时,说话的语气会怎样?美丽清澈的小溪被毁掉了,如果你是小兔子,你气愤吗?请同学们好好体会一下,自己再练习读一遍,要读出气愤的语气。(生读)谁再来读读?

2. 请欣赏《乌鸦与狐狸》的教学片段,然后模仿此片段,写一段解释某一词语的讲授语。

师:那么,什么是"奉承话"?

生:奉承话就是说人家好的地方。

师:是这样的吗?老师表扬一位同学,说他有些方面做得好,老师是不是在说奉承话呢?

生:老师表扬同学不是奉承话。

师:说人家好的地方,有两种,一种是人家好就说好,是老实话,是表扬人的话，目的是让自己向人家学，也希望大家向他学，这不能说是奉承话。另一种就不同了。说人家好，故意夸大，有的时候把别人并不好的地方也说得非常好，讨好别人，把别人说得快快活活的、晕晕乎乎的，心里却有自己的打算，这就是奉承话。人人都知道，乌鸦的羽毛没有公鸡的羽毛漂亮，更比不上凤凰的羽毛多姿多彩，但是狐狸花言巧语地说乌鸦的羽毛最漂亮。这就是讨好对方，心里却有自己的鬼主意。这种不切实际的话就是奉承话。

3. 自选幼儿园大、中、小班活动课题各一个，设计讲授语并进行口语表达练习。

三、提问语

善于运用提问语，几乎是所有优秀教师教学艺术的特征。要发展学生的智力，研究"问"的艺术很有必要。提问语设计的好坏，往往是一堂课成败的关键。教师讲课中不时提出的发人深省的问题，往往被看成智慧的象征，它会使教与学之间、师生之间处于和谐的信息交流之中。因此，提出问题在教学过程中具有非常重要的意义。

（一）提问语的含义和作用

提问语是教师依据教材和学生的实际情况提出问题，促使学生思考钻研，以加深理解的教学语言形式。提问语具有以下作用：

1. 训练思维

提问能起到训练学生思维的作用。当学生的思维还没有启动的时候，教师的提问会使他们产生疑问，从而开启思维去主动寻求答案；当学生的思维积极向前推进的时候，教师的提问会帮助他们开辟新的通道；当学生要对思考过的问题进行整理的时候，教师的提问又会使学生的思维有条理地收拢，帮助学生得出正确的结论。好的提问能不断激发学生和教师一起思索，一起探讨"所以然"的秘密。

2. 集中注意力

提问有集中学生注意力的作用。教师在讲课时不能仅靠维持纪律来保证，而是应该用问号把学生的思维紧紧抓住。有经验的教师对讲课过程中的"放"和"收"事先都有所设计。当学生的注意力分散的时候，他能巧妙地运用提问语把它集中起来；当学生的注意力持续集中到某一点而产生疲劳感的时候，他又能巧妙地提出问题，从而使讲课疏密相间、张弛结合，以确保学生听课的兴趣。

3. 反馈调控

提问能起到反馈调控的作用。教师在讲课中提出的问题，都必须给予明确的解答,有时是教师自己解答,有时是让学生回答。学生的回答实际上就是信息反馈,它可以当堂检验学生理解和掌握所学知识的程度。提问的结果,促使教师调整、补充甚至推翻原先的课堂设计。这样,师生在提问和解答中交流信息,能使教学相长,取得更理想的教学效果。

4. 设置悬念

提问能起到设置悬念的作用。问题提出后,学生急切想知道答案,教师却不着急,有时还会提示有两种甚至多种答案,使学生处于探究的状态,直到问题解决了,教师又会提出新的问题。这样一环扣一环,设悬和解疑相互衔接,使学生的注意力高度集中,一节课就在不知不觉中结束了。

(二)提问语的要求

1. 提问目的要明确

提问是为了激发学生思考,引起学生注意,了解和评估学生对所学知识的掌握情况等。课堂提问要立意鲜明、措辞简洁、范围明确、要求具体,不能为了提问而提问。如果教师提出的问题似是而非、模棱两可、缺乏目的,必然会造成学生的思维混乱、答案分歧;如果教师提出的问题过于隐晦、含蓄,学生不解题意,就会出现答非所问的情况;如果教师提出的问题过于笼统或过于烦琐,学生抓不住要点,理不出头绪,也不能得出正确答案。

2. 提问时机要恰当

提问要与学生的认知进程相吻合,即要在学生有疑、有思、欲问、欲解而又苦于不知如何表达之时提问。失时而问,便达不到好的教学效果。

3. 提问深浅要适度

提问语的难度和深度要适当,即所提问题不能低于或过分高于学生的实际水平。教师提出的问题太简单,学生会觉得没挑战性;教师提出的问题过难,学生就会无法回答。所以,在设计整节课的提问语时,应通盘考虑,并使每个提问语之间呈现一种水平递进的坡度。即前一提问为后一提问打好基础,而后一提问又是前一提问的延伸和推进。

4. 提问次数要适量

课堂提问能否调动学生思维的积极性,不在于"多问",而在于"善问",在于所提问题的质量。过多的提问往往会削弱教学重点,削弱学生直接阅读、练习和独立思考的能力。最好是设计出一个或几个中心问题,再设计几个辅助性问题,做到"少而精"。既要注意提问的总量,还要注意提问的频率分配。一般的规律是:教学的开始、中间、结尾时提问的频率较高,而在这三段的中间讲得多些,问得少些。因此,教师要克服随意性的"满堂问"和太碎、太空的问题,不要追求表面上的热闹。

5. 提问方式要灵活

教师在课堂教学中所提出的问题,如果能形成多种不同的类型,就容易激发起学生学习的兴趣和探究的愿望。提问要形式多样、方法灵活、循序渐进。要让提出的每一个问题都有一个明确的结论,还要具体分析学生回答得对不对。提出问题后,要注意分析学生的理解和接受程度,随时根据学生的表情和回答问题的情况,调整问题的内容和提问方法。对没人能回答正确的问题,要及时改为讲授。

6. 提问对象要对应

提问要面向全体学生,让所有的学生都能听清提出的问题,都有机会发言。如果只让少数"尖子生"发言,或过多地让学生集体发言,则不利于了解学生掌握知识的情况。提出问题后要给学生足够的思考时间,不要因少数反应快的同学提前举手就点名让他们回答,而不顾其他学生是否已经进行了认真思考。点名回答时,要贯彻因材施教的原则,针对问题的性质和难易程度,选择不同类型的学生回答,使成绩好的能"更上一层楼",成绩落后的也不至于丧失学习的信心。

7. 提问气氛要轻松

教师要创造一个轻松和谐的课堂气氛,激发学生的学习兴趣,让学生可以减轻疲劳感,提高学习效率。因此,教师在使用提问语时要和颜悦色,纠正错误时要亲切和蔼,使学生能够大胆地回答问题,坦率地发表自己的意见。只要师生之间密切配合,就一定会获得较好的提问效果。学生回答问题遇到困难时,教师不要急躁,不要讽刺挖苦,要循循善诱地启发学生把话说完。对回答中出现的错误,要及时分析纠正。对不敢发言者,要热情鼓励;对发言不得要领者,要具体指导;对成绩好者,要向他们提出难一点的问题,对他们的回答除肯定优点外,还要指出不足。总之,对学生的回答,教师要从内容、语言、姿态等方面加以评价、指导。对学生发表的一些独立见解,要展开讨论,表扬并鼓励那些有创见的学生。

(三)提问语的形式

1. 小学课堂教学常用提问语类型

根据教学中提问语实际使用的情况以及提问语的设计目的,可将提问语分为填空型、选择型、比较型、阶梯型、迂回型、扩展型、强调型、矫正型等不同类型。

(1)填空型提问语

填空型提问语是教师把问题组织成像试题中的填空题那样,可依次发问的提问语。这类问题一般比较简单,多是针对要求学生掌握的知识点和需要学生特别注意的地方。例如作者、朝代、选自何处、引文内容等。这种提问方式可以促使学生在学习时高度集中注意力,迅速掌握学习重点,并加深记忆。

[示例]《春蚕》发表在哪一年？它选自哪里？它与哪两篇组成三个连续性的故事,被合称为《农村三部曲》?《春蚕》的主人公是谁？其他依次出场的人物是哪几位？其中哪一位的思想性格跟老通宝有显著的不同?

(2)选择型提问语

选择型提问语是指教师用选择性问句来设计的提问语。对于易混淆的问题,可以把正确和错误的答案都列出来供学生选择,让学生积极地思考辨析,使学生在回答问题的同时,加深对正确答案的印象。

[示例]"比较"中"较"的声调是"一声"还是"三声"?

(3)比较型提问语

比较型提问语是指教师用比较的方法来设计问题,以比较几个事物之间的相同点或不同点的提问语。在语文教学中,可以有不同词语、不同句式、不同段落、不同篇章的比较;在数学教学中,可以有不同解题方法的比较。这种提问方式可以训练学生的归纳总结能力,锻炼学生的求同思维能力和求异思维能力。

[示例1]请同学们比较一下"僧推月下门"和"僧敲月下门"有什么不同?

[示例2]请同学们比较一下,这个劳动晚归的画面与前一个高原夜归的画面有什么不同?

(4)阶梯型提问语

阶梯型提问语是指教师根据知识的内在联系,为达到教学目的而精心设计的环环相扣的提问语。这种提问由浅入深,引导学生一步步地解决问题,促使学生深入思考,深入理解教学内容。教学中的不少难点,需要分步骤才能解答清楚。运用阶梯型提问语由浅入深,逐步引导,在问和答的间隙中为学生留下更多的思考余地,便于学生逐步理解和掌握所学的内容。

[示例]怎样让学生理解"动物"一词的概念呢？一位教师采用阶梯型提问的方式来教学:

师:为什么说鸡、鸭、猪都是动物?

生:因为它们都会叫。

师:对吗？蚯蚓不会叫,可它也是动物啊!

生:蚯蚓会爬。会爬、会走的都叫动物。

师:鱼不会爬,不会走,只会在水里游;鸟会飞,它们不是动物吗?

生：它们是动物，因为它们会活动，能活动的生物叫动物。

师：能活动的生物叫动物？可是，飞机会飞，是动物吗？

生：飞机自己不会飞，是人开动的，它没有生命，不是动物。

师：对了，能自己活动的生物叫动物。

(5)迂回型提问语

迂回型提问与直截了当地问不同，看似问题与正题无关或关系较远，其实是“问在此而意在彼”。这种提问的目的在于引导学生思索，有很强的激发作用。

[示例1]有一位同学把“眼睛”的“睛”写成了“晴”。教师没有直接指出来，而是采取了迂回的方法问道：“眼睛指的是人身体的哪个器官？”学生答：“是眼。”教师又问：“那么与眼有关的字的偏旁是什么？”学生答：“是目字。”通过这一问一答，学生意识到了自己的错误，而且对“眼睛”的写法记忆深刻。

[示例2]一位数学教师在讲“线段公理”时饶有风趣地讲道：在平坦的操场上，如果我把一个肉包子扔出去，身边的小花狗发现后，它是绕着圈儿跑过去，还是直接奔向肉包子呢？

生：直接奔向肉包子。

师：为什么？

生：因为这条路最近。

师：答得好。连小花狗都知道两点之间的线段最短，何况聪明的学生？

(6)扩展型提问语

扩展型提问语是指教师把现在所学的内容和以前所学的以及与此有关的内容连在一起的提问语。它可以把各方面的知识联系起来，培养学生“立体”思考问题的能力，有由新温故、由此及彼、融会贯通的作用。

[示例]一位教师在讲《眼睛与仿生学》时，把所讲的内容与现代科学技术的发展联系在一起。

师：第五自然段有这样一些词语值得注意。“进一步完善……将可以……还可以……”这些词语表明这是表假设、推断关系的句子。这里为什么用假设推断的语气来表达？

生：是说在将来研制成功的。

师：对。作者是在几年前写的这篇文章，当时能看到的资料没有今天这样丰富。如果今天写这段话，还需要这样表达吗？

生：不用了，今天的人造眼已经进入了实用阶段。

师：谁了解人造眼在今天的使用情况？

(7)强调型提问语

强调型提问语是为了强调教学中的某个重点或难点而设计的提问语。它富有启发性,学生可以按照自己的理解来回答问题。

[示例]语文教师在讲《东郭先生和狼》一文时,为了帮助学生理解此寓言故事的含义,运用了强调型提问语:

师:如果不是遇到老农,东郭先生的处境会怎样?

生:东郭先生将会被狼吃掉。

师:要是东郭先生再次遇到狼,他会怎么办?结果会怎样?

生:他将想办法对付狼。比如他可以用文中的办法先诱狼上钩,然后再同猎人一起收拾狼,狼就无计可施了。

师:救狼差点被狼吃,斗狼却无任何危险,这给我们什么启示?

生:这告诉我们做好事要分清是非,对待像狼这样的坏蛋,只能想法铲除掉,不能有丝毫同情心,你同情它就会害了自己。

[评析]为了达到让学生真正理解和掌握文章寓意的目的,教师先分别用两个假设问句引导学生得出两个完全不同的结果,通过对学生思考结果的比较,再正面向学生提出一个结论性的问题,让学生明白这篇课文给同学们一个什么样的启示,从而达到由浅显到深奥的飞跃。

(8)矫正型提问语

矫正型提问语是指当学生对问题的回答偏离目标时,教师再次向学生发出的提问语。对此,学生必须经过认真思考后才能做出正确的回答。

[示例]老师在讲力学中的摩擦力时,针对学生对摩擦力的误解,运用矫正型提问语帮助学生准确理解所学内容。

课前,同学们都预习过了"摩擦力"一节的内容。讲课一开始,陈老师就提出一个有趣的问题:"把一个一吨重的铁球放在地上,一只蚂蚁能否推动它?"

话音刚落,天真的孩子们就大笑起来,齐声回答:"推不动。"

"如果地面非常光滑呢?"

"也推不动。"仍有几个孩子不服气地笑着说。

但陈老师没有笑,要大家再考虑考虑。

忽然,有人醒悟过来,站起来响亮地回答:"推得动还是推不动,不是看铁球的重量,主要是看铁球与地面的摩擦力有多大。"

"对,讲得好!"陈老师紧锁的双眉舒展开了。接着,他用平静的语调说:"在水平面上能否推动物体,不取决于这个物体重量的大小。假如推动力大于最大静摩擦力,就推得动,小于就推不动。就是说,在没有摩擦力的情况下,重力不影响水平方向的运动。”

2. 幼儿园教学常用提问语类型

对于幼儿园教学来说，提问语更多使用以下几种类型：

(1)复述型提问语

这类提问语常用“是什么”“怎么样”等文字引出，幼儿一般能直接从教学内容中找到答案。从思考价值的角度讲，这类问题着重于语言上的理解。

[示例]综合教育活动“贴贴、添添、说说”

师：熊猫来了，它长得怎么样？（要求幼儿用“胖乎乎的、可爱的、美丽的、淘气的”等形容词修饰。然后小狗、猴子、大象逐个出现，老师对小朋友们说，这些动物都是高超的杂技演员）它们表演的是什么杂技呢？（要求小朋友边说“小狗走钢丝”“猴子爬竹竿”“大象吹口琴”“熊猫踩跷跷板”，边进行添画或粘贴）

(2)演绎型提问语

这类问题用在教师已经抽象出某种概念，要求幼儿答出其具体表现，把概念具体化时，如“表现在哪儿”一类的问题。

[示例]幼儿园科学活动“秋天”。

教师提问：“炎热的夏天过去了，现在是什么季节？”幼儿答：“秋天。”教师问：“你们是从哪儿看出来的？”幼儿答：“从树叶、天空、大雁那儿看出的。”

这类问题不像复述型问题那样可以直接找到答案，需要一个“对号入座”的思考过程，所以其思想价值大于前一类。这类问题也为下面的概括型提问语打下基础。

(3)概括型(或归纳型)提问语

概括型提问语要求幼儿从已有的事实中提炼出概念。就其概括水平的不同又可以分为两级：第一级是对课堂或教材内容本身进行的概括，相当于小结；第二级是对课堂或教材内容进行整体概括，一般由“从……中可以看出……”的句式引出。

[示例]幼儿园语言活动“鹿角和鹿腿”

教师提问：“梅花鹿只喜欢鹿角，不喜欢鹿腿，这样对吗？”幼儿回答：“不对。”教师接着问：“为什么不对呢？”幼儿回答：“因为它只看到了鹿角的优点，没有注意到它的缺点；只看到了腿的缺点，而没有发现腿的优点”。

教师继续提问：“这个故事告诉了我们一个什么道理？”启发幼儿从事物的正反角度思考问题：任何事物都有它的优点和缺点，不能只看一方面。

由于概括能力是逻辑思维能力的一个重要方面，所以对概括能力的训练就显得较为重要。为了培养幼儿的概括能力，教师在实际教学中常常把演绎型提问语和概括型提问语结合起来组织提问。

(4)分析型提问语

这类提问语往往用“为什么”引出，引导幼儿分析事物间的因果联系。

[示例]主题谈话“我的家乡真美丽”

幼儿在实地参观的基础上，又观看了反映家乡风景名胜和建设成就的图片以及有关视频资料。老师提问：“你觉得家乡哪儿最美？”“你最喜欢家乡的什么？”“你知道我们的家乡为什么会变得越来越美吗？”这类问题中间存在一连串的因果联系，通过提问使幼儿明确这种关系，找出依据，做出判断。

分析型提问语要采用分析、比较、综合、抽象等方法，由此及彼，由表及里地思考问题，它能够更好地促进幼儿思维能力的发展。

(5)想象型提问语

想象型提问语适合幼儿的思维特点，是发展儿童形象思维的重要手段之一。

[示例]美术活动“枕头装饰”

幼儿欣赏图片或实物后，感受到装饰后的枕头的美，教师提问：“你想有个怎样的小枕头？”启发幼儿想象，并鼓励幼儿把自己的枕头装饰得和教师的不一样。

(6)评价型提问语

评价型提问语，有的是引导幼儿对人物进行评价，有的是引导幼儿对事件进行评价，还有的是引导幼儿对幼儿作品进行评价。

[示例]教师在引导幼儿欣赏漫画后提问：“你觉得这幅画画得好不好？”“你喜欢画中的谁？为什么？”这样提问有利于鼓励幼儿积极思考，勇敢地表达自己的观点。

由于幼儿的思维难以定向，对评价型提问常常感到不易回答，因此不宜多用；但只要运用恰当，同样有利于启发幼儿的创造性思维，并调动其学习的主动性和积极性。

以上六种类型的提问语对于思维发展的价值各不相同，应视幼儿年龄、课堂教学内容的不同而灵活选用。对于幼儿，教师可多采用复述型提问语和想象型提问语来进行提问。随着幼儿年龄的增长，可逐渐加大其他几类提问语的比重，以促进其逻辑思维的发展。

(四)提问语训练

1. 试分析下列提问语的类型和教学效果。

(1)语文课《草船借箭》教学中的提问

师：这箭根本不是借的，为何这篇课文以“草船借箭”为题呢？

生:因为这箭是靠装着草的船运回来的。

师:那不是可以用“草船运箭”吗? (见生不语)你们平时借的东西有什么特点呢?

生:自己要用的东西而自己却没有,只好向他人借。用完以后就还回去,比自己操办要方便。

师:课文中的箭有这样的特点吗?

生:周瑜向诸葛亮要十万支箭,诸葛亮没有。诸葛亮却用三天时间从曹操那里“借”到了;在与曹操作战时,箭又要回到曹操那里,这又类似于“还”。因此,这箭具有借的特点。

师:此时,大家该明白这篇课文为何以“草船借箭”为题了吧?

生:以“草船借箭”为题,不仅符合课文内容,而且耐人寻味,它进一步突出了诸葛亮过人的才能,增加了命题的艺术性。

(2)语文课《凡卡》教学中的提问

师:凡卡的这个梦说明了什么? 能实现吗?

生:凡卡在梦中见到爷爷在念他的信,说明他希望爷爷把他带回去,但这是不可能实现的。因为信封上的地址不详细,又没有贴邮票,爷爷不能收到他的信。

师:如果爷爷能收到他的信,他的愿望能实现吗? 为什么?

生:不能实现,因为爷爷本身是老爷家的守夜人,他是没能力带他回去的,不然他就不会让九岁的凡卡去当学徒了。

师:这说明了什么呢?

生:这一方面说明凡卡有向往自由、光明和幸福生活的强烈愿望,另一方面又说明在那样的社会里,像凡卡那样的穷孩子要过上幸福生活是不可能的。

(3)一组用于组织教学时的提问

师:同学们,我提一个问题,你们说什么东西最公平?

生:(多数回答)秤。

师:其实最公平的不是秤,而是时间。秤在不讲求公平之人的操纵下,是不公平的。有的人卖东西总是缺斤少两,但是时间谁也操纵不了。比如这节课我讲基础训练只用了20分钟,谁也不多一分,谁也不少一分,你们说公平不公平?

生:公平。

师:时间既然这么公平,我们让这位时间老人当裁判行不行?

生:(有的迷惑不解,还有学生问怎样做裁判)怎么裁判?

师:就是让它看看我们谁在20分钟内学得最好。好! 下面我们就开始学习新知识,等会儿让时间老人说说谁能最好地完成这节课的学习任务。

2. 自选幼儿园大、中、小班活动课题各一个,设计提问语并进行口语表达练习。

四、评价语

教学过程是师生间信息传递的交互过程。在教学过程中,教师适时地、恰如其分地给学生的学习表现做出评价,会有效地激发学生的学习主动性,从而提高教学效率。

(一)评价语的含义和作用

评价语是指教师对学生的课堂表现与学习成果等做出评点和评估的教学语言。

教师在教学过程中给予学生恰如其分的评价,既有助于推动学生更好地掌握知识技能,也有助于营造和谐统一的师生关系。具体来讲,评价语的作用有以下几点:

1. 提高教学效率

教师对学生的学习成果做出恰当的评价,让学生知道自己的优点与不足,对提高学生的学习效率有很大的帮助。如果教师对学生的表现置若罔闻、不做评价,师生之间就不能进行良好的沟通,学生也不知道自己的表现如何,教学效果就会受到严重的影响。

2. 激发学生的学习热情

对学生正确的回答、富有创造性的看法和意见,教师及时予以热情洋溢的评价,能有效地调动学生的课堂情绪,激发他们的学习热情,使他们信心十足地投入到学习中去。

3. 调控课堂

及时对学生的课堂表现进行评价,可以缓解学习的紧张度,有效调控课堂教学的节奏,使教与学张弛有度,让学生始终保持良好的学习状态。

(二)评价语的要求

1. 态度鲜明

教师对学生学习成果进行评价时,要有一个明确的态度,对的就加以肯定,错的就予以否定并给予纠正。如果教师经常对学生的回答或看法不置可否,就会造成学生认识上的模糊和混乱。

2. 客观准确

教师的评价语要科学准确、实事求是,既不能一概肯定,把错的当作对的;

也不能随意否定,把凡是不符合自己想法的回答予以否定,哪怕学生回答得有道理。正确的做法是:对学生的回答进行客观的、实事求是的分析,对的就肯定,错的就纠正,不全面的就予以补充。

3. 讲求方法

评价应该注重方法。方法得当,评价的效果就能够体现出来。教师在做具体的评价时,应结合特定的教学环境进行恰如其分的评价。

(三)评价语的形式

1. 直接评价型评价语

教师可对学生的课堂表现和学习成果进行正面的直截了当的评点和评估。直接评价型评价语可以分为肯定式、否定式、肯定否定式和补充式等。

(1)肯定式,是对学生的学习成果予以肯定的评价方式。

[示例]师:“死海不死”这个题目有什么特点?

生甲:简洁!

师:对!简洁。因为题目只有四个字。回答也很简洁,只用了两个字。还有吗?

生乙:我觉得这个题目看起来很新颖。虽然表面看上去是矛盾的,读起来并不矛盾,跟一般的题目不一样,有奇特之处。

师:讲得好!

肯定式评价的使用率很高,它能有效地调动学生的学习积极性,创造良好的课堂气氛。

(2)否定式,是对学生的学习成果予以否定的评价方式,主要用来帮助学生纠正错误。

[示例]一位教师在教《记金华的双龙洞》一文时,在引导学生认识到作者对沿途景物的描写主要用了对比的方法之后,问学生:“作者为什么要用这样的方法来写呢?”

一个学生说:“叫人家去玩。”

另一个学生说:“做广告。”

教师及时对这两位学生的回答做了否定评价:“这样说不恰当。作者之所以这样写,很具体。这一比、二比、三比、四比,不仅比出了沿途景物细微的区别,比出沿途景物的特点,而且表露出作者的感情。”

(3)肯定否定式,是将肯定式和否定式的评价方式结合起来,对学生学习成果中正确、合理的部分予以肯定,对错误、不合理的部分予以否定。

[示例]一名学生朗读课文时读得非常认真,他的声音浑厚而洪亮,只是停

顿得不恰当。读完后教师评价说:"这位同学的朗读声音响亮、音色优美,可惜节奏没有把握好,以后要多加注意。"

(4)补充式,是指在肯定学生的正确回答的基础上,再对此加以补充,使答案完整而严密。

[示例]一位教师在教鲁迅的《药》一文时,问学生:"'好像阔人家祝寿时候的馒头',这句话有什么含义?"

有一位学生结结巴巴地回答:"比作阔人家祝寿时候的馒头,说明,说明坟多,再一个是说明阔人家残酷。阔人家的生活是建立在——建立在这个,这个非常残酷的,残酷的,方面的。"

教师笑着说:"是建立在劳动人民死亡的基础上的,对吧? 讲得很好!"

[评析]这位学生的表达能力较差,回答得不完整。教师根据学生的表述做了恰当的补充,并给予了热情的鼓励。

2. 间接评价型评价语

间接评价是指教师对学生的学习成果不做直接评点,而在其言语中隐含了评价的一种方式。这种评价具有委婉的特点,多适用于否定的态度。间接评价的方式有很多种,教师可在提问或要求中体现评价的态度。

[示例1]这样说对吗?

这样回答合理吗?

你能不能说得再确切些?

请仔细地看看题目。

这些话里隐含的一个评价就是:这样说不正确(不完全正确)。

[示例2]你能说得更全面些吗?

是否只有这些?

作者仅仅是喜欢浪涛、喜欢海水吗?

这些话里隐含的一个评价就是:这样说不全面。

[示例3]一位教师引导学生理解《把牢底坐穿》中的"坐穿"一词:

生甲:坐穿,就是把牢底坐透。

生乙:坐穿,是指革命烈士毫不动摇的革命意志——宁坐一辈子牢,也不向敌人投降。

师:这样的解释是否就完美无缺了呢? 还有没有新的解释和理解呢?(教师的问话隐含的评价是:说得有道理,但不够全面、不够深刻、不够新颖。)

学生在教师的引导下,终于找到了满意的答案:"坐穿,表明了革命者的必胜信念——革命到底,斗争到底,敌人必定会灭亡。把牢底坐穿之日,也就是敌人的监狱被彻底毁灭之时。”

3. 直接评价和间接评价结合型评价语

[示例]一位教师讲解《晏子使楚》的评价语：

师：楚王冷笑时，他的表情显得怎么样？

生：显得很高兴。

师：是显得很高兴吗？

生：显得很得意。

师：再准确一些。

生：显得很高傲。

师：对，是很“高傲”，更恰当的说法是“傲慢”，显示了楚王很看不起晏子。

(四)评价语训练

1. 分析《闰土》教学片段中评价语的形式和评价语的作用。

(几位同学分别朗读闰土说的几件事以后)

师：读得很好！几位同学体会到闰土说话是那么的生动传神，那么的绘声绘色，所以读得很感人。那么，“我”在听闰土讲话时，是什么样子呢？

生甲：“我”听得入迷了。

生乙：“我”越听越佩服闰土。

生丙：“我”越听越惊奇，越听越羡慕。

师：“我”的思想是一步步变化的。刚才几位同学在发言时用了“越来越”这个说法，这样说很准确，这就强调了思想感情的逐步变化。那么，“我”的思想感情是怎样一步一步变化的呢？

2. 自选小学或幼儿园课题，设计三种类型的评价语各一个，进行口语表达练习。

五、应变语

应变语主要用于应对教学过程中所遇到的意外情况。在教学中，意外情况一般来自三个方面：一是来自教师自己，如出现了教学失误；二是来自学生，如学生突然提出一些偏离教学中心的问题；三是来自外界的意外情况。遇到这些意外时，教师如果可以妙语补失、解除困境、巧借台阶化解尴尬、借题发挥反客为主、顺水推舟机智引渡、故说闲话变转话题、暗设悬念相机点拨，那么就会有效调控课堂氛围，及时赢得教学的主动地位。

(一)应变语的含义和作用

应变语是教师在课堂上及时调节师生关系，处理课堂突发事件时所运用的语言。应变语的作用有以下三点：

1. 吸引学生的注意力

课堂教学过程中总会有突发的意外情况出现。例如，寂静的课堂上，一个文具盒突然掉在地上，发出“啪”的声响；严肃的课堂气氛中，一个学生突然故意恶作剧，等等。这些意外情况必然会引起学生不由自主的注意，这就需要教师及时运用应变语把学生的注意力拉回到学习中来。

2. 调控教学

教学过程就是教学活动的实施过程。构成这个过程的基本因素有很多，如教师、学生、教学目标、教学内容、教学手段和教学环境等。在教学过程中，教师会按照预先设计的教学目标、教学内容进行教学。但由于各种原因难免会出现一些意外情况，从而影响教学的正常进行。当遇到意外情况时，要求教师能随机应变，灵活地调控课堂行为。因此，教师要善于运用教学应变语，针对课堂的具体情况，对教学内容、教学方法等做一些适当的删改、变更和补救，使这些意外情况巧妙地融入教学过程，以保证教学活动顺利进行下去。

3. 增进感情

对教学意外机智灵活、含蓄幽默的处理，不仅可以使教师摆脱窘境，并且可以在“会心一笑”中，增进师生感情，使教与学更为和谐。

（二）应变语的要求

1. 要有针对性

应变语应该有明确的针对性，也就是教师要紧紧围绕完成课堂任务这个目标来进行机智的应变。面对课堂上偶然发生的事件，教师要针对教学活动中学生思维活动的特点和走向，以进一步激活学生思维、最有效地调动学生学习的积极性为目的。教师通过运用应变语，使课堂教学正常进行。

2. 要有分寸性

教师在运用应变语时，既不宜过分夸张、做作，也不能太过平淡，避免应变语失去引起学生的学习兴趣、调动学生注意力的作用。在内容和时间的处理上，也应该相机而定，既不能喧宾夺主地大段插说，也不能不顾学生的情绪而操之过急。

3. 要有自然性

教学应变语的运用不是教学过程的节外生枝，而是自然融入教学过程的有效语言。面对课堂偶发的事件，为了保证学生学习情绪的相对稳定以及教学过程的相对顺畅，教师必须运用教学应变语，使教学内容过渡自然、衔接紧凑、不露痕迹、顺理成章。

(三)应变语的形式

按照应变语的表现方式,可以分为以下几种类型:

1. 幽默型应变语

课堂上出现突发事件时,教师应多采用幽默的语言来转移学生的注意力,调节课堂气氛。

[示例1]教师正在上课,突然一只蝴蝶飞了进来,盘旋了几圈又飞走了。有的同学就被蝴蝶吸引,注意力分散。看到这种情景,教师微笑着说:"刚才大家上课都很认真,连蝴蝶都感动得不愿打扰你们了。"一句风趣的话,让同学们意识到自己的思想开了小差,马上集中注意力,认真听讲。

[示例2]春日课堂上,和煦的春风吹得一些学生睡眼蒙眬。老师见状,也假装打瞌睡,并喃喃自语:"暖风吹得师生醉,直把教室当卧室……'春眠不觉晓',还是睡觉好。"语调抑扬顿挫,又风趣,又幽默。学生们被老师逗乐了,教室里一片笑声,驱除了大家蒙眬的睡意。

[示例3]一位幼儿教师在组织看图讲述活动时,张贴在黑板上的动物图片突然掉了下来,幼儿全都叫了起来,有的幼儿还跑上来拣图片。这时教师非常镇定,面带微笑地说:"小动物没站稳摔倒了,谢谢小朋友们把它扶起来,这次你可要站好了。"张贴好图片后,讲述活动继续进行,小朋友的情绪一点没受影响。

2. 自嘲型应变语

在课堂上,教师难免有失态失言的时候,有时处理不当会影响课堂气氛,对教学产生消极影响。如果教师死要面子不认错,可能会与学生产生矛盾;如果教师要掩饰,以错为对,就可能破坏教师的威信。但是如果教师勇于承认错误,使用自我解嘲的方法为自己解围,则会拉近师生间的距离。

[示例1]有位教师把三乘七的答案写成了二十二,等他发现后就说:"你们看看我,我是不管三七二十一就把三七得了二十二啊!"同学们笑了起来,在笑声里,教师改正了答案。

[示例2]一位数学教师走上讲台,同学们忽然大笑起来,他感到莫名其妙,后来坐在前排的一位女生小声说:"老师,你的扣子扣错了。"这位教师一打量自己,发现第四颗扣子扣到第五个扣眼里了。教师说:"老师刚才有急事,匆匆忙忙赶来给你们上课。不过,这也没有什么好笑的。昨天我们做的练习题中,有的同学运用的算术公式就像老师这样张冠李戴,我们一起帮他们改过来。"教师边说边把扣子扣好了。这位教师自嘲的语言,既纠正了自己仪表上的失误,又批评了学生不认真做练习的错误,还活跃了课堂气氛。

3. 将错就错型应变语

课堂教学是一种极其复杂的创造性劳动。尽管教师在课前已经预估了可能会出现的情况,但在组织课堂教学的过程中,仍然避免不了自己会出现一些意想不到的失误。例如,读错字(口误)、写错字(笔误)、遗漏一些内容或讲课时卡壳等。这就需要教师具备处理自身失误的机智,及时用应变语补救自身的失误。

[示例1]有位英语教师在讲解单词 pencil 和 pen 时采用了直观教学的方法,用实物来启发学生思考,以追求更好的教学效果。但是,这位教师无意中把手中的铅笔说成了"This is a pen"。等他意识到自己说错时,有些学生也意识到了。这位教师没有马上纠正自己的错误,而是干脆反问一句:"Is this a pen?"学生齐声回答:"No,it isn't. It is a pencil."这种灵活而果断的问答,使学生误以为教师在考问他们句型呢。

[示例2]一位教师在黑板上写板书时,把"辩解"写成了"辨解",等他发现后,没有马上改正,而是问大家:"我写得对不对?"同学们仔细一看,说:"不对。""错在哪儿了?""'辨'的偏旁错了。"教师因势利导,告诉学生辩解要用嘴,所以要换成"言"字旁。这样,学生对"辩解"一词的理解就更加深刻了。

4. 转移话题型应变语

教学过程中,有些突发事件会让教师措手不及。例如,学生提问一些稀奇古怪的问题,而教师并无准备,可能一时回答不了。这时教师可以以退为进,让学生自己去寻找答案。这样既可以化解自身的尴尬,又可以提高学生的自学能力。

[示例1]一位小学语文教师在讲《画鸡蛋》这篇课文时,有一个学生问:"老师,你有达·芬奇的本事吗?"回答"有"显然是不合实际的;回答"没有",学生会认为教师没本事。这真是一个让人进退两难的问题,怎么办呢?这位教师回答:"达·芬奇的本事真大!他为什么有这么大的本事呢?就是因为他学习刻苦。谁要想有本事,谁就应刻苦学习。"

[示例2]在幼儿园创编故事"猫医生过河"的活动中,一位幼儿向教师提问:"猫为什么不能游泳?"这是个三言两语难以说清的问题,如果讨论下去会影响到活动主要目标的达成。这时教师说:"这个问题提得好,不过现在时间很紧,我们把故事编完了后再来讨论,好吗?"幼儿认为教师说得有理,都赞成下课以后再讨论,于是这个问题被暂时搁置起来。这样既不挫伤幼儿求知的积极性,又能鼓励他们自己分析问题、解决问题,同时保证了教学的正常进行。

5. 顺水推舟型应变语

课堂教学中,时常会出现有些学生有意无意地曲解教师讲授的内容,或者说些与教学无关的话语、做一些小动作的情况。这时教师如果不加理睬，可能会影响学生的正常听课思路，分散学生的注意力；教师发怒的话，就会使教学活动中断。这时教师可以顺水推舟、机智引导，让学生的注意力回归到正题上来。

[示例1]英语课上，教师正在教“cock”(公鸡)这个单词。突然，有个学生怪腔怪调地问：“英语里有没有‘母鸡’这个单词？”顿时班上哄堂大笑，把正常的课堂秩序给搅乱了。面对这一情况，教师不动声色，仍然用平静的声调说：“有，而且还有小鸡这个单词。”接着他把这两个单词写在黑板上，带领学生齐读。教师很快地把学生的注意力引导到教学内容上来。那个发出怪声的学生感到自己的行为并未引起大家的注意，便感到很不好意思。然后，教师把话题一转：“××同学不错，不但想学会‘公鸡’的英文单词，还想知道‘母鸡’这个英文单词，现在全班同学都多学会了两个单词，但是刚才你提问题的语调不好。”接着他又讲了英语中的语调问题。

[示例2]在认识空气的活动中，教师引导幼儿讨论：你用塑料袋装的空气是什么样的？讨论了一会儿后，有部分幼儿坐不住了，就开始动起来，不停地玩着塑料袋。这时教师说：“请小朋友把塑料袋里的空气放出来，再另外选个地方装一袋空气，看看是不是像大家说的那样？”幼儿马上积极行动起来，全神贯注地进行下一环节的活动。

(四)应变语训练

1. 请欣赏以下应变语的精彩之处。

有一位语文教师是这样给学生解围的：

一名学生在介绍《赤壁之战》的作者时说司马迁是宋朝人，全班同学哄笑。教师却平静地说：“虽是一字之差，却让司马迁多活了一千多年，但这能全是我们同学的错吗？谁让司马迁和司马光的名字只有一字之别，谁让他们又都是史学家、文学家，谁让《史记》与《资治通鉴》又都是史学名著兼文学名著，谁让我们刚刚学完司马迁的文章又学司马光的文章呢？”

2. 分析以下应变语的成功之处。

一次四年级作文观察课上，一只鸟飞进教室。由于小鸟在教室里乱飞，学生们都很兴奋，课无法上下去。老师略做思索，做了如下处理：

师：这只鸟真漂亮呀！大家把门窗关上，我们仔细观察一下这只鸟，下节课写一篇关于鸟的作文。

生：好呀！

师：(适时谈话)你们看，它的羽毛多好看，嫩嫩的……瞧，嘴尖尖的，还是淡红的呢！……看它惊慌地东飞西撞，碰疼了吧？

（鸟飞累了，被一个同学小心地捉住了）

师：（捧着小鸟给学生看）谁能说出这是只什么鸟？它有什么特点？

（学生七嘴八舌地议论，结论是黄鹂鸟）

师：那我们现在怎么处理这只小鸟呢？

（又是一场争论）

师：（在学生热烈讨论后，教师在黑板上写下两个大字：小鸟）这就是下节课的作文题。

3. 教师在讲《手术台就是阵地》这篇课文，在讲到尽管当时形势特别危急，白求恩大夫仍然争分夺秒地救治伤员时，这样问学生："白求恩大夫为什么不离开手术台呢？因为他知道这个时候时间就是什么？"学生脱口齐答："时间就是金钱。"

作为教师，你将如何继续教学呢？请设计一段应变语。

4. 一位小学语文教师在给学生们上《鸟的天堂》一文，虽在电脑里储存了视频资料来配合教学，但上课时教师播错了视频，屏幕上出现的都是充满鸟语花香的黄山风光。学生们看了一小段很感兴趣，要求接着看。教师随机应变说："等会儿一定放给大家看"。后来，教师在讲到课文中的一段时，用了一段应变语，既结合了教材，又配合教学看了视频。

请根据这个教学情境，设计一段有新意的应变语。

5. 请根据以下教学情境，设计出恰当的应变语。

（1）幼儿园大班正在进行教学活动，突然"自然角"鱼缸里的一条鱼跳了出来，"啪"地一下摔在地上，很多幼儿叫了起来，有的还离开座位跑到鱼缸前。

（2）幼儿教师在给小朋友们讲《兔妈妈和它的孩子们》的故事，一位小朋友问老师："为什么有的小兔是白色，有的是黑色，有的是灰色？"

六、结束语

"编筐编篓，重在收口。"一堂课或一部分内容讲完之后，进行一下总结很有必要。

（一）结束语的含义和作用

结束语又叫小结语、断课语、结尾语。它是课堂教学将要结束时，教师在引导学生对所学知识与技能进行及时的总结、巩固、扩展、延伸与迁移等教学活动时所用的语言。

结束语有以下几个方面的作用：

1. 整理概括,巩固记忆

一个巧妙的结束语能强调重要的事实、概念,概括相关的知识,形成知识网络,使学生更加清楚、明白、系统地掌握所学的知识。它能帮助学生整理概括所学内容,深化认识,巩固记忆。

2. 启发思维,开阔视野

精妙的结束语能够扣人心弦,开启学生的智慧之门。它不仅能帮助学生巩固课堂上所学的知识,还能激励学生将知识拓展、延伸到课堂之外。

3. 指导实践,培养能力

经过前面几个环节的学习训练之后,学生对知识已经有了初步的理解,这时如果指导学生进行一些有针对性的练习,或者对课下的学习活动提出一些要求,对于巩固知识、培养学生能力是非常有益的。

(二)结束语的要求

1. 简明

结束语应简洁、明了、清晰,起到提纲挈领的作用。如果结束语小题大做、啰唆杂乱、拖泥带水,用语不简洁、不明确,必然让学生感到厌烦,影响教学效果。

2. 准确

结束语是对学习的主要内容、重点、要点的总结提示。准确的结束语起着帮助学生理解和巩固的作用。教师必须紧扣教材,体现教学目的,结合教学对象的特点和水平,精心设计结束语的用语方式。绝不允许课前无计划、上课无节奏,慌里慌张地随意讲,草率收场。不准确的结束语不能起到小结、巩固或强化的作用。

3. 有趣

有趣的结束语会给人留下深刻的印象,令人回味,课虽尽而意无穷。如果结束语很平淡,就难以收到好的效果。

4. 强化

结束语具有承上启下的作用,因此设计结束语要着眼于知识的过渡和拓展,要举一反三;要着眼于情感的启迪和升华,要画龙点睛。教师在总结强调时,话语要慢些,语调要平稳些。

(三)结束语的形式

结束语的设计应依据教学内容与任务、学生的实际情况以及教师自己的教学风格,不可牵强附会、千篇一律。从教师使用结束语的作用来分,大致有以下几种:

1. 总结型结束语

在教学活动结束时,教师都要把教学内容做简单的、概括性的归纳总结。这样做不仅便于学生提高认识、加强记忆,还有助于学生巩固所学知识,并将其纳入原有的认知结构中去。教师在设计总结型结束语时,要讲究逻辑性,持论要有依据,使用概念要准确,语句组织要有条理性。

[示例1]数学教师在教"分数的基本性质"时,运用总结型结束语:

这节课我们学习了分数的基本性质,即分数的分子和分母都乘以或除以相同的数(0除外),分数的大小不变。这是学习分数及其有关知识的重要基础。我们在学习数学知识的同时,还学会了一种观察事物、分析问题的方法,这就使我们在变化的数学现象中看到了不变的实质。

[评析]这样的结束语对全课的内容做了提炼,既起到承上启下的作用,又渗透了辩证唯物主义的启蒙教育。

[示例2]一位教师教幼儿认识8以内的数,为了使幼儿便于记忆,根据每个数的形状把它编成儿歌:1像小棍细条条,2像小鸭水上漂,3像钩钩来钓鱼,4像小旗迎风飘,5像耳朵要听话,6像豆芽笑哈哈,7像小锄挖青草,8像麻花绞一遭。

[评析]这样的结束语生动有趣,将机械识记转化为形象识记,效果显著。

2. 拓展型结束语

在教学活动结束时,教师根据教材内容和学生的认识基础,因势利导,将课内学习延伸到课外活动,把书本知识扩展到社会实践活动,从而扩大学生的知识面,开拓学生的思维,启发学生的创造力。教师在设计拓展型结束语时,要讲究联系性,要将课内知识和课外知识联系起来,将已有知识和未知知识联系起来,运用的语言要有启发性。

[示例]语文教师在教《小壁虎借尾巴》一文时,运用拓展型结束语:

同学们,动物有各自不同的特点。它们的尾巴不同,尾巴的用途也不同,这多有趣呀!放学回家后,请大家找一些写动物的课外书,看后把各种动物的尾巴的作用讲给老师、家长以及其他小朋友听,大家愿意吗?

[评析]这样的结束语既将课内的学习延伸到了课外,又激发了学生自觉学习的积极性。

3. 激励型结束语

为了提高学生的学习积极性,教师可以在下课时总结学生在这一堂课上的表现,或提出表扬,或激励学生,点燃学生心中对学习的热情。

[示例]《圆的认识》结束语

同学们,今天我们学习了"圆的认识",掌握了各种画圆的方法;知道在同一个圆内,有无数条直径和半径,并且,直径是半径的2倍。课后请同学们画几个大小不等的圆,量一量,圆的周长和直径有什么关系?同学们,你们敢于接受这个挑战吗?相信这个问题一定难不住大家,加油!

[评析]案例中,教师引导学生课后画出大小不等的圆,进而探究圆的周长和直径的关系,运用激励型话语,引起学生探究的欲望,收到了良好的教学效果。

4. 悬念型结束语

"欲知后事如何,请听下回分解",说评书的人常常在每回结束前这样说,给人留下无穷的期待。在授课结束时,教师巧妙地设置悬念,同样会激发学生的学习兴趣。

[示例]《掌声》课堂教学结束语:

同学们,原先的英子自卑、忧郁,不爱说话,默默无闻,多么可怜啊!后来,英子变了,变得活泼、自信,和以前判若两人,到底是什么原因让英子发生这么大的变化呢?下一节课我们再来学习。

[评析]案例中,教师对比了英子原先和现在的不同表现,进而引导学生思考是什么原因让英子发生这么大的变化,设置悬疑,引发学生的学习期待,从而收到了"言有尽而意无穷"的教学效果。

(四)结束语训练

1. 观赏一段教学录像,放至结束部分暂停播放,自己设计一段结束语,与录像中的结束语进行对照并评析。

2. 下面是一位教师在讲完"商不变性质"时所说的教学结束语,请说说这种结束语的好处是什么。

师:本节课已经学完了,下面同学们谈谈这节课你学到了些什么?

生甲:我学到了商不变性质——如果被除数和除数同时扩大(或缩小)相同的倍数,那么它们的商不变。

生乙:我学到了被除数和除数不同时扩大(或缩小)相同的倍数,商就变。

生丙:我学会了如果被除数扩大(或缩小)若干倍,除数不变,那么它们的商也会扩大(或缩小)相同的倍数。

生丁:我学会了如果除数扩大(或缩小)若干倍,被除数不变,那么商反而缩小(或扩大)相同的倍数。

生戊:我知道了被除数和除数同时加上或减去相同的数,商一般是变化的。

生己:我学会了被除数和除数同时乘以或除以一个数,零除外,商不变。

3. 分析下面一段结束语的类型和功能。

一位教师在讲授《美洲彩蝶王》一文时,组织了这样一段教学结束语:“同学们,彩蝶王能够长途跋涉,飞越高山大洋,即使中途殒命也在所不惜,总是向着既定的目标迁徙。它们为什么具有一般蝴蝶所没有的习性呢?它们勇敢、顽强地向远方飞行的目的究竟是什么?这种习性是否长久不变呢?这还是一个有争论的不解之谜。”讲完又补充说:“看看哪位同学能给出正确的回答。”

4. 自选幼儿园大、中、小班活动课题各一个,设计结束语并进行口语表达练习。

第三节 学科知识解说训练

在各种形式的教学口语中，讲授语的基础性地位是毋庸置疑的，而在各种具体形式的讲授语中，集中讲解某个重要知识点的独白体讲授语在课堂教学中的作用是非常重要的。本节内容就是对这种讲授语进行阐述和训练。

一、学科知识解说的性质界定

解说作为一种口语表达方式，相当于书面语的说明；解说作为一种口语样式，相当于书面语的说明文。

作为一种口语表达方式，解说在课堂教学中使用的频率要远远高于叙述和议论，尤其是在理科教学中更是占据绝对主导地位。从一定意义上说，课堂教学语言的总体属性就是解说，而叙述、描述和议论等表达方式只是辅助性成分。

在对解说的基本属性和解说在课堂教学中的地位有了一定认识的前提下，我们提出“学科知识解说”这一概念。这个概念的提出，为师范生练习教学口语找到了一个突破口、一个集中发力点。

学科知识解说（以下简称为解说）是本教材独创的一个概念，我们可以这样来理解它：

1. 所谓学科知识，对小学教育而言，就是小学生应该理解、掌握的语文、数学、科学、音乐、美术等各门课程的知识；对学前教育而言，就是学前儿童应该感受、理解或掌握的健康、语言、社会、科学、艺术五大领域的知识。我们提倡选择各门课程或各领域的核心知识点进行解说练习，不提倡选择边缘知识点。比如，语文课程最好选择语言、修辞、写作、阅读等知识点，而不要选择作家生平、历史文化等知识点。

2. 学科知识解说是课堂教学的有机组成部分。学科知识解说不是游离于课堂教学之外的口语活动，而是真实发生在课堂教学过程中的教学行为，是教学口语中讲授语的形式之一。

3. 学科知识解说一般在课堂教学的展开和总结环节运用。

4. 学科知识解说是一种独白体讲授语。讲授语虽然是以教师独白为主，但是不排斥师生对话。学科知识解说则不提倡对话，表达过程中即便有提问，也基本上是教师自问自答。

5. 学科知识解说是教师在课堂上通过一段简短而相对完整的讲解性话语，

让学生对某个知识点形成较为全面、深刻认识的一种教学活动。

6. 学科知识解说比较简短，小学课堂教学中的解说以 3 分钟左右为宜；幼儿园教学活动中的解说以 2 分钟左右为宜。

7. 学科知识解说以语言为主要手段，也需要实物、模型、图片等辅助性教具以及板书、投影、音视频等辅助性手段。

8. 学科知识解说的首要目的是较为全面、深入地讲解清楚一个知识点，次要目的是给学生以正确的语言表达示范，从而让小学生或幼儿感受到准确而精彩的语言魅力，并潜移默化地提高他们的语言表达水平。

9. 学科知识解说是课堂教学中精心设计的“华彩乐段”，不一定每堂课都会出现，但可经常运用。

二、学科知识解说的内容结构和口语表达要求

（一）学科知识解说的内容结构要求

1. 要全面

从内容构成的角度来说，学科知识解说的基本要求是全面，即较为全面地讲解一个知识点。全面的具体意思是什么呢？

以幼儿科学教育中的认识动植物和认识自然现象为例，解说动植物至少要从其外形特点、生活习性以及与人类的关系（价值意义）这三个方面进行讲解，解说自然现象则至少要从其外观形态、发生原理以及对人类的意义这三个方面进行讲解，单说其中某一个或某两个方面都不能算全面。

以小学语文教学中的认识修辞手法为例，解说某种修辞手法至少要从其性质、结构、作用三个方面进行讲解。

2. 要具有条理性

从表述顺序这一角度来说，为了让幼儿或青少年学生容易接受和乐于接受教学内容，解说应该由直观到抽象、从简单到复杂。构思时须特别注意条理性、逻辑性和层次感。为了便于理解和掌握，我们规定解说稿不少于三个自然段，不多于五个自然段。

3. 要衔接自然

从语境（上下文）角度来说，解说是课堂教学的有机组成部分，在解说的主体内容前后必须有过渡或衔接。在解说主体之前的衔接性语言，我们可以称之为解说的导入语；在解说主体之后的衔接性语言，我们可以称之为解说的结束语。

下面提供解说稿模板，供参考和使用。

1. 小学教育类专业学科知识解说稿模板

<table>
<tr><td>解说题目</td><td colspan="2"></td><td>解说对象</td><td></td></tr>
<tr><td rowspan="3">解说语境</td><td>小学学科</td><td></td><td>教材版本及册数</td><td></td></tr>
<tr><td>教学课题</td><td colspan="3"></td></tr>
<tr><td>教学环节</td><td colspan="3"></td></tr>
<tr><td rowspan="2">解说目的</td><td>目的 1</td><td colspan="3"></td></tr>
<tr><td>目的 2</td><td colspan="3">让学生感受准确而精彩的语言魅力并潜移默化地提高学生的语言表达水平</td></tr>
<tr><td>辅助手段
或教具</td><td colspan="4"></td></tr>
<tr><td>导入语
（衔接语，
100 字左右）</td><td colspan="4"></td></tr>
<tr><td>解说内容
主体
（不少于 3 段，
不多于 5 段，
500 字左右）</td><td colspan="4"></td></tr>
<tr><td>结束语
（衔接语，
100 字左右）</td><td colspan="4"></td></tr>
</table>

2. 学前教育专业学科知识解说稿模板

<table>
<tr><td>解说题目</td><td colspan="2"></td><td>解说对象</td><td></td></tr>
<tr><td rowspan="3">解说语境</td><td>活动领域</td><td></td><td>教材版本及册数</td><td></td></tr>
<tr><td>活动课题</td><td colspan="3"></td></tr>
<tr><td>活动环节</td><td colspan="3"></td></tr>
<tr><td rowspan="2">解说目的</td><td>目的 1</td><td colspan="3"></td></tr>
<tr><td>目的 2</td><td colspan="3">让幼儿感受准确而精彩的语言魅力并潜移默化地提高幼儿的语言表达水平</td></tr>
<tr><td>辅助手段
或教具</td><td colspan="4"></td></tr>
<tr><td>导入语
（衔接语，
100 字左右）</td><td colspan="4"></td></tr>
<tr><td>解说内容
主体
（不少于 3 段，
不多于 5 段，
400 字左右）</td><td colspan="4"></td></tr>
<tr><td>结束语
（衔接语，
100 字左右）</td><td colspan="4"></td></tr>
</table>

(二)学科知识解说的口语表达要求

学科知识解说是一种课堂讲授语,在口语表达方面首先要符合教学口语表达的一般要求和讲授语的特殊要求。在此基础上,我们对学科知识解说提出以下三点要求:

1. 要有更加热切的语气

所有的讲授语都是为了传授知识或讲解技能,教师在表达时都应该有一种让学生获得知识或提高学习能力的强烈愿望。教师在进行学科知识解说时,传播知识的愿望应该更加热切,语气的色彩和分量应该更加浓重。

2. 要更加注意语言的流畅度和语调的变化

学科知识解说是一段 400 ~ 700 字的独白体话语,教师在表达时应给人一种一气呵成的完整感,所以要特别注意语言的自然顺畅。但是由于学科知识解说是一种具有说明性质的独白体话语,表达时语调容易平直而单调,所以教师一定要努力挖掘话语内容的变化要素,努力形成高低、强弱、快慢等对比性语音形式方面的变化,形成语流美感,令人乐于倾听。

3. 多用指示性手势并努力做到始终面带微笑

教师在解说过程中经常会使用较多的手势,而使用最多的是指示性手势。幼儿园教学活动中的解说对象往往是具体的事物,在解说过程中一般都会用到教具(实物、模型、图片等),在解说时应该多用指示性手势引导幼儿去观察。小学课堂教学中的解说内容虽然多数是抽象的知识,但是教师在解说过程中一般都会使用投影、板书等演示性手段,所以也会使用较多的指示性手势。解说不是朗诵和演讲,没有复杂的感情变化,因此不必有丰富的表情变化;但是解说中应饱含传播知识、育人成才的热切愿望,所以应该始终面带微笑。

三、小学学科知识解说稿例举

下面提供小学语文、数学、英语、信息技术、音乐、美术六门课程中一定数量的解说稿,供小学教育类专业的师范生练习使用:

(一)小学语文知识解说稿8篇

1. 认识形声字

<table>
<tr><td>解说题目</td><td colspan="2">认识形声字</td><td>解说对象</td><td>一年级小学生</td></tr>
<tr><td rowspan="3">解说语境</td><td>小学学科</td><td>语文</td><td>教材版本及册数</td><td>人教版一年级下册</td></tr>
<tr><td>教学课题</td><td colspan="3">识字(一)</td></tr>
<tr><td>教学环节</td><td colspan="3">观察特点,查找规律</td></tr>
<tr><td rowspan="2">解说目的</td><td>目的1</td><td colspan="3">让学生初步了解形声字的构字规律,并利用构字规律快速识字,激发学生学习汉字的兴趣,树立学好汉字的信心</td></tr>
<tr><td>目的2</td><td colspan="3">让学生感受准确而精彩的语言魅力并潜移默化地提高学生的语言表达水平</td></tr>
<tr><td>辅助手段或教具</td><td colspan="4">图片、PPT</td></tr>
<tr><td>导入语(衔接语,100字左右)</td><td colspan="4">同学们,你们真是火眼金睛,从它们的名字“蜻蜓、蝴蝶、蚯蚓、蚂蚁、蝌蚪、蜘蛛”中发现了这些字都是虫字旁。那大家知道这是为什么吗?</td></tr>
<tr><td>解说内容主体(不少于3段,500字左右)</td><td colspan="4">原来呀,我们的祖先在造字的时候,把那些外形像虫,生活习性和虫有关的字都归在“虫”字旁里。我们把这种表示意义的偏旁叫形旁。
大家看,“蚂”字去掉虫字旁读什么?读“mǎ”,那么这个“马”字在这个汉字中表示什么?是的,是读音。“蜻、蝴、蚯、蚓、蚂、蜘、蛛”的读音与另一半的读音相同,“蜓、蚁”两字的读音与另一半的读音相近。我们把表示字音的部分叫声旁。汉字王国中有很多由形旁和声旁组成的汉字,我们叫它形声字。看,我们用加一加的方法,为“青”这个字加上不同的形旁,它就变成了“晴、睛、请、情、清”等字,多神奇呀!
同学们,是不是所有形声字的形旁都在左边,声旁都在右边呢?看,“雾、架、邮、植、闷、衷”这几个字,它们有的是上形下声,有的是上声下形,有的左形右声,有的左声右形,还有的是内形外声或内声外形。这些形声字的形旁和声旁的位置并不固定。同学们,汉字大家庭中80%以上的都是形声字,利用形声字的规律可以快速地借声识字、借形解义,我们就能够大量识记汉字。</td></tr>
<tr><td>结束语(衔接语,100字左右)</td><td colspan="4">瞧,这些生字宝宝又引来新的伙伴啦!请大家根据形声字的特点大胆猜一猜它们怎么读,跟什么有关吧!(PPT出示:蚜、虾;鲸、鲤、鳅、鲨;狮、猩)</td></tr>
</table>

2. 初步认识比喻

解说题目	初步认识比喻		解说对象	二年级小学生
解说语境	小学学科	语文	教材版本及册数	人教版二年级上册
	教学课题	回声		
	教学环节	精读课文，理解感悟		
解说目的	目的 1	让学生初步认识比喻，学会用“好像”造句		
	目的 2	让学生感受准确而精彩的语言魅力并潜移默化地提高学生的语言表达水平		
辅助手段或教具	图片、PPT			
导入语（衔接语，100 字左右）	同学们，刚才老师让大家把课文中自己喜欢的句子画出来。老师发现有不少同学都喜欢“半圆的桥洞和水里的倒影连起来，好像一个大月亮”这句话。大家是不是觉得这句话写得特别生动形象啊？同学们想不想知道这样生动形象的句子是怎么写出来的呢？			
解说内容主体（不少于 3 段，500 字左右）	“半圆的桥洞和水里的倒影连起来，好像一个大月亮”，这句话之所以让我们觉得生动形象，是因为作者运用了一种修辞手法，这种修辞手法叫“比喻”。什么是比喻呢？比喻就是打比方。一般来说，就是用我们熟悉的、有意思的事物来代替抽象的、难理解的事物。需要注意的是，两种事物之间一定要有相似之处。 大家来看图片：这张是半圆的桥洞和水里的倒影连起来的样子，这张是大月亮的样子，两者是不是很像啊？因为我们对大月亮更熟悉，所以作者把“半圆的桥洞和水里的倒影连起来”的样子比喻成“大月亮”，这让我们感觉到既生动又形象。这个比喻是不是很有意思呀？ 老师再举个例子：小弟弟的脸好像红苹果。红苹果是什么样子的啊？噢，圆圆的、红红的、香香的，让人忍不住想咬一口。这里把小弟弟的脸比喻成红苹果，我们好像一下子就能看到小弟弟可爱的样子了，是不是很神奇？ 下面老师就为大家讲讲比喻句的具体写法。比喻句的基本格式为：什么好像什么。“好像”前后的两个事物一定要有相似点。大家来看这个句子：太阳好像什么？我们首先要找到跟太阳具有相似点的另一事物。太阳红红的，能发光发热。大家开动脑筋想一想，还有什么事物具有这一特点？噢，大火球也是红红的，也能发光发热。所以，我们就可以用大火球来描写太阳。找到了“太阳”和“大火球”这两个相似的事物，用“好像”这个词把两个事物连起来，一个比喻句就写好了。我们可以这样写：夏天的太阳好像一个大火球。			
结束语（衔接语，100 字左右）	同学们，什么是比喻，怎样用“好像”造句，大家都明白了吧？接下来，我们一起做练习，看看谁的比喻句写得最生动形象、最神奇。			

3. 怎样写日记

<table>
<tr><td>解说题目</td><td colspan="2">怎样写日记</td><td>解说对象</td><td>二年级小学生</td></tr>
<tr><td rowspan="3">解说语境</td><td>小学学科</td><td>语文</td><td>教材版本及册数</td><td>人教版二年级上册</td></tr>
<tr><td>教学课题</td><td colspan="3">日记两则</td></tr>
<tr><td>教学环节</td><td colspan="3">拓展延伸</td></tr>
<tr><td rowspan="2">解说目的</td><td>目的 1</td><td colspan="3">让学生了解关于日记的知识,学会写日记</td></tr>
<tr><td>目的 2</td><td colspan="3">让学生感受准确而精彩的语言魅力并潜移默化地提高学生的语言表达水平</td></tr>
<tr><td>辅助手段或教具</td><td colspan="4">PPT</td></tr>
<tr><td>导入语（衔接语,100 字左右）</td><td colspan="4">今天我们一起学习了《日记两则》中的第一则日记,大家是不是发现日记跟我们以前学过的课文有很多不一样的地方啊？你们想不想学习写日记呢？接下来我们的任务就是学习怎样写日记。</td></tr>
<tr><td>解说内容主体（不少于 3 段,500 字左右）</td><td colspan="4">简单地说,写日记就是把你每天生活中的一些事情记录下来。既可以记自己做过的事,也可以记自己看到的、听到的、想到的事。例如,本课中第一则日记的开头就记录了作者做的一个梦。
下面,老师就来给大家讲讲日记的具体写法。日记有固定的格式。写日记时,首先要在第一行的中间依次写上“某月某日 星期几 天气情况”。这些信息不但为我们以后查找日记提供了方便,还可以帮助我们在看日记时迅速回忆起当时的情景。需要注意的是:我们在写这些内容的时候,不要加标点符号,而是用空格来把它们分隔开。例如,我们课文中的第一则日记的开头是这样写的:“6 月 1 日 星期五 阴”。
写完“某月某日 星期几 天气情况”后,我们要另起一行,空两格开始写正文部分。正文部分要根据需要分段来写,写完一段再写一段。每段的开头都要空两格。
为了避免写成流水账,写日记要有重点。一天之中可能发生很多事情,我们没有必要一一写下来,应选择自己印象最深刻且最有意义的事作为日记的内容。一般来说,一天的日记写一两件事就行,将事情记得具体一些,把自己的感想也写进去。
同学们,你们知道吗,写日记不但可以记录我们的美好生活,还可以锻炼我们的观察能力和书写能力,为我们以后写作文积累素材。很多大作家都有写日记的习惯呢！你们看,小小日记的本领可真大呀！</td></tr>
<tr><td>结束语（衔接语,100 字左右）</td><td colspan="4">同学们,听了老师的讲解,你们是不是都迫不及待地想动手写日记呢？那就请大家今天放学回家后写一篇日记,明天拿来跟同学们一起分享,好不好？</td></tr>
</table>

4.“把”字句和“被”字句的相互转换

<table>
<tr><td>解说题目</td><td colspan="2">“把”字句和“被”字句的相互转换</td><td>解说对象</td><td>二年级小学生</td></tr>
<tr><td rowspan="3">解说语境</td><td>小学学科</td><td>语文</td><td>教材版本及册数</td><td>人教版二年级上册</td></tr>
<tr><td>教学课题</td><td colspan="3">语文园地七</td></tr>
<tr><td>教学环节</td><td colspan="3">字词句专项训练</td></tr>
<tr><td rowspan="2">解说目的</td><td>目的 1</td><td colspan="3">教学生学会“把”字句和“被”字句的相互转换</td></tr>
<tr><td>目的 2</td><td colspan="3">让学生感受准确而精彩的语言魅力并潜移默化地提高学生的语言表达水平</td></tr>
<tr><td>辅助手段或教具</td><td colspan="4">PPT</td></tr>
<tr><td>导入语（衔接语，100 字左右）</td><td colspan="4">大家看屏幕上的这两个句子：“弟弟把水喝了。”和“水被弟弟喝了。”一个是“把”字句，一个是“被”字句。同学们想一想，它们的意思一样吗？对，意思是一样的，只不过想要表达的侧重点不一样而已。这说明“把”字句和“被”字句之间是可以相互转换的。下面我们就重点来学习一下怎么转换它们吧。</td></tr>
<tr><td>解说内容主体（不少于 3 段，500 字左右）</td><td colspan="4">首先，我们要判断一下题目中的句子是“把”字句还是“被”字句。这点非常简单，根据前面所学，相信大家都能够一眼认出。
接下来要做的是找出句中的主动者和被动者。我们可以根据“把”字句和“被”字句的基本格式，轻松找准句中的主动者和被动者。“把”字句的基本格式为：主动者 + 把 + 被动者 + 动作。例如，“姐姐把香蕉吃了”这个句子中，主动者是姐姐，被动者是香蕉。“被”字句的基本格式为：被动者 + 被 + 主动者 + 动作。例如，“树被我砍了”这个句子中，被动者是树，主动者是我。
找出主动者和被动者后，我们要将主动者和被动者的位置互换，这是最关键的一步，千万不能忘记，不然就会闹出大笑话。最后，将“把”和“被”互换，其余成分照抄。这样，“把”字句和“被”字句的互换就完成了，是不是也没有想象中的那么难呢？
为了方便记忆，老师教大家一个十二字小口诀：主被换位，把被互换，其余照抄。大家可一定要记牢啊。现在，我们一起用刚才的例子来练一练。“姐姐把香蕉吃了”变成“被”字句，应该是“香蕉被姐姐吃了”。“树被我砍了”变成“把”字句，应该是“我把树砍了”。
需要注意的是：在转换句式时，句子中出现的成分不能随意地丢掉，句中的词语搭配也不能随意改变。例如：茂密的森林把太阳遮住了。不能写成“太阳被森林遮住了”，也不能写成“茂密的太阳被森林遮住了”。正确的写法应该是：太阳被茂密的森林遮住了。</td></tr>
<tr><td>结束语（衔接语，100 字左右）</td><td colspan="4">同学们，通过老师的讲解，相信大家已经掌握了“把”字句和“被”字句的互换方法。但是，“把”字句和“被”字句的互换在实际运用中还会遇到不少难题，需要多做练习，才能真正熟练掌握。接下来就请大家把黑板上的这几个句子互换一下吧。</td></tr>
</table>

5."的、地、得"的用法

解说题目	"的、地、得"的用法		解说对象	三年级小学生
解说语境	小学学科	语文	教材版本及册数	人教版三年级上册
	教学课题	语文园地三		
	教学环节	我会填		
解说目的	目的 1	让学生掌握"的、地、得"的用法并正确运用		
	目的 2	让学生感受准确而精彩的语言魅力并潜移默化地提高学生的语言表达水平		
辅助手段或教具	PPT			
导入语（衔接语，100 字左右）	汉字中的"的、地、得"是使用频率最高的常用字，我们学过的课文中处处可见它们的身影。但是很多同学对它们的用法并不清楚，写作业时常常出错。今天，老师就带大家一起走进"的、地、得"的世界，弄清楚它们的用法。			
解说内容主体（不少于 3 段，500 字左右）	大家都知道，"的、地、得"是连接文章中词语的桥梁，但是它们所连接的词语性质是有区别的。 "白勺的"前面的词语用来修饰、限制它后面的事物，说明该事物怎么样。结构形式一般为：修饰、限制词＋的＋名词，表示什么样的东西或谁的东西。例如：金色的草地、颐和园的假山、我的书。这里"草地、假山、书"都是名词，"金色、颐和园、我"词性不同，但都是用来说明这些事物的。简单概括就是："白勺"站在名词前。 "土也地"前面的词语用来说明它后面的动作怎么样。结构形式一般为：修饰、限制词＋地＋动词，表示怎么样地做什么。例如：飞快地跑、开心地笑、小声地说。这里"跑、笑、说"都是动词，"飞快、开心、小声"是用来说明这些动作的。简单概括就是："土也"拉着动词跑。 "双人得"前面多数是表示动作的词语，"得"后面的词语一般用来补充说明它前面的动作怎么样。结构形式一般为：动词＋得＋补充说明，表示做得怎么样。例如：跑得快、干得好、笑得合不拢嘴；也可为形容词＋得＋补充说明，例如：红得发紫、瘦得皮包骨头。简单概括就是：形动后面双人到。 最后，我们再来复习一下小口诀："白勺"站在名词前，"土也"拉着动词跑，形动后面双人到。			
结束语（衔接语，100 字左右）	同学们，通过老师的讲解，相信大家已经弄清了"的、地、得"的用法。现在，我们就趁热打铁，完成书上的"我会填"部分吧！			

6. 认识排比

解说题目	认识排比		解说对象	四年级小学生
解说语境	小学学科	语文	教材版本及册数	人教版四年级下册
	教学课题	桂林山水		
	教学环节	拓展延伸		
解说目的	目的 1	让学生掌握排比的性质、结构、作用		
	目的 2	让学生感受准确而精彩的语言魅力并潜移默化地提高学生的语言表达水平		
辅助手段或教具	PPT			
导入语（衔接语，100 字左右）	同学们，作者在描写漓江水“静、清、绿”和桂林山“奇、秀、险”的特点时，都运用了统一的格式，这是哪种修辞方式呢？对，就是排比。接下来，就请大家跟老师一起来系统地学习一下排比这种修辞方式吧。			
解说内容主体（不少于 3 段，不多于 5 段，500 字左右）	排比就是把结构相似、内容相关、语气一致的词语或句子成串排列的一种修辞手法。它一般会由三个以上(包括三个)的短语或句子组成，使用它会让文章变得内容集中，节奏感更强，读起来朗朗上口。“漓江的水真静啊，静得让你感觉不到它在流动；漓江的水真清啊，清得可以看见江底的沙石；漓江的水真绿呀，绿得仿佛那是一块无瑕的翡翠。”这三个句子将漓江水的静、清、绿描写得细致入微，层次清晰，生动形象。 其实，我们对排比这一修辞方式并不陌生，在三年级课文《我们的民族小学》中有“从山坡上，从坪坝里，从一条条开着绒球花和太阳花的小路上，走来了许多小学生”的句子。句中“从山坡上”“从坪坝里”“从小路上”就是三个短语的排比，让我们感受到了地域的宽广。例如：“春风吹绿了柳梢，吹青了小草，吹皱了河水，吹鼓了杏花的花苞。”这个句子也是运用了排比，让我们感受到了春风对自然万物的吹拂。 那么，运用排比到底有什么作用呢？利用排比写景，可将景物描写得细致入微，能有层次清楚、形象生动的效果。如“山朗润起来了，水涨起来了，太阳的脸红起来了”。利用排比写人，可将人物刻画得更为细致。如：“他的品质是那样的纯真和高尚，他的意志是这样的坚韧和刚强，他的气质是这样的憨厚和谦逊，他的胸怀是那样的美丽和宽广。”用排比抒情，节奏和谐、情感洋溢。例如：“母爱是早上出门前的一句叮嘱，母爱是回家之后一顿香喷喷的饭菜，母爱是穿在身上的带有阳光味道的衣服。”			
结束语（衔接语，100 字左右）	同学们，经过老师的讲解，大家应该对排比有一个清楚的认识了吧？那么，下面请大家以“天空”为描写对象，写一个排比句，看谁写得既生动又形象。			

7. 认识倒叙

<table>
<tr><td>解说题目</td><td colspan="2">认识倒叙</td><td>解说对象</td><td>五年级小学生</td></tr>
<tr><td rowspan="3">解说语境</td><td>小学学科</td><td>语文</td><td>教材版本及册数</td><td>人教版五年级上册</td></tr>
<tr><td>教学课题</td><td colspan="3">梅花魂</td></tr>
<tr><td>教学环节</td><td colspan="3">拓展延伸</td></tr>
<tr><td rowspan="2">解说目的</td><td>目的 1</td><td colspan="3">让学生了解并学会运用倒叙的写作手法</td></tr>
<tr><td>目的 2</td><td colspan="3">让学生感受准确而精彩的语言魅力并潜移默化地提高学生的语言表达水平</td></tr>
<tr><td>辅助手段或教具</td><td colspan="4">PPT</td></tr>
<tr><td>导入语（衔接语，100 字左右）</td><td colspan="4">同学们，《梅花魂》这篇课文我们快要学完了，老师要问你们一个问题：既然是要写外祖父的爱国心，那作者为什么要把“故乡的梅花都开了”这样一句话放在文章的开头呢？其实啊，作者在这里是运用了一种特殊的写作手法——倒叙。今天，老师就带领大家一起来学习一下。</td></tr>
<tr><td>解说内容主体（不少于 3 段，不多于 5 段，500 字左右）</td><td colspan="4">所谓倒叙，是根据表达的需要，把事件的结局或某个最重要、最突出的片段提到文章的前边，然后再从事件的开头按事情先后发展顺序进行叙述的一种写作手法。在《梅花魂》这篇课文中，作者开篇先写梅花，然后由梅花想到外祖父，接着回忆了几件具体的事情来反映外祖父对祖国的眷恋之情，这就是倒叙的典型写法。
倒叙的类型大致有三种：一种是把结局提前，再转回到事件的开头，从起因写起。在《永不忘记》一文中，作者开头写潘老师送王翔上大学时，王翔送给潘老师一幅自画像，上面写着“永不忘记，谢谢老师”。然后再写王翔送给老师画像的原因，这种写作方法既曲折又引人入胜。第二种是把最突出、最扣人心弦的部分提前。例如，在一年级下册的课文《胖乎乎的小手》中，文章开头先写了“全家人都喜欢兰兰的这幅画”，后面的内容全是围绕兰兰这幅画展开的，这就是把最突出的部分放在开头。倒叙的第三种类型就是像本文一样，由眼前事物引起对往事的回忆。
采用倒叙的方法写作，能够增强文章的生动性，使文章产生悬念，更能引人入胜，同时也可以避免叙述的平板和结构的单调。但是在使用倒叙时，要注意内容衔接自然流畅，条理清晰，还要使情节完整，否则读者们可就读不懂啦。</td></tr>
<tr><td>结束语（衔接语，100 字左右）</td><td colspan="4">同学们，接下来我们进行写作练习。请大家运用倒叙这种表现手法，来记叙一件印象深刻的事。同学们，行动起来吧，看谁写的文章更出彩。</td></tr>
</table>

8. 认识歇后语

解说题目	认识歇后语		解说对象	五年级小学生
解说语境	小学学科	语文	教材版本及册数	人教版五年级上册
	教学课题	有趣的汉字		
	教学环节	揭题入学,讲解分析		
解说目的	目的1	让学生了解、积累歇后语,增强语言应用能力		
	目的2	让学生感受准确而精彩的语言魅力并潜移默化地提高学生的语言表达水平		
辅助手段或教具	PPT			
导入语(衔接语,100字左右)	同学们,通过猜字谜,大家是不是觉得汉字非常有趣呢?接下来,我们再学习一种跟猜谜很相似,却更有趣的语言形式——歇后语。			
解说内容主体(不少于3段,不多于5段,500字左右)	歇后语是我们中国劳动人民在生活中创造的一种特殊语言形式,是一种短小、风趣、形象的语句。它由前后两部分组成:前一部分像谜面,后一部分则像谜底;在使用的时候,通常说出前半截,"歇"去后半截,需要我们自己领会、猜想出它的意思,所以就称为歇后语。 歇后语的形式看起来都是一样的,是"比喻——说明"式的俏皮话,但是根据构成情况,它可以分成两类。一种是谐音类,就是利用谐音的方式来揭示谜底。就像我们书上的例子:"外甥打灯笼——照旧(舅)""孔夫子搬家——净是输(书)"等,就是利用"旧"和"舅"、"输"和"书"的谐音来体现的,是不是既形象又有趣啊?还有一种是逻辑推理类,它是根据谜面内容推导出谜底。比如,"水仙不开花——装蒜""哑巴吃黄连——有苦说不出"等,让人有一种恍然大悟的感觉。 这些歇后语,在使用起来让人觉得俏皮幽默。但是同学们要知道,并不是所有的歇后语都是值得我们学习积累的。有些歇后语会有不恰当或不可取之处,甚至还会涉及一些侮辱他人、迷信说法和旧风俗等内容,比如"瞎子拉琴——瞎扯"等,虽然看起来也很有趣,但是很不文明。所以,同学们在使用的时候要注意不能胡乱使用,因为你的一句玩笑话,有可能会给别人带来伤害。			
结束语(衔接语,100字左右)	同学们,歇后语是我们中国劳动人民智慧的结晶,也是华夏民族特有的风俗传统和民族文化的体现。希望大家能在以后多积累歇后语,多在合适的场合运用歇后语,在感受汉字趣味性的同时,增强我们的语言应用能力。			

(二)小学数学知识解说稿 8 篇

1. 怎样比较分数的大小

<table>
<tr><td>解说题目</td><td colspan="2">怎样比较分数的大小</td><td>解说对象</td><td>三年级小学生</td></tr>
<tr><td rowspan="3">解说语境</td><td>小学学科</td><td>数学</td><td>教材版本及册数</td><td>青岛版三年级上册</td></tr>
<tr><td>教学课题</td><td colspan="3">分数的初步认识</td></tr>
<tr><td>教学环节</td><td colspan="3">探究新知</td></tr>
<tr><td rowspan="2">解说目的</td><td>目的 1</td><td colspan="3">让学生掌握同分母分数或同分子分数大小比较的方法</td></tr>
<tr><td>目的 2</td><td colspan="3">让学生感受准确而精彩的语言魅力并潜移默化地提高学生的语言表达水平</td></tr>
<tr><td>辅助手段或教具</td><td colspan="4">PPT</td></tr>
<tr><td>导入语（衔接语，100 字左右）</td><td colspan="4">小白兔过生日，请了好多小动物一起庆祝，还准备了一个美味的大蛋糕。小猴对小猪说：你的食量大，这个蛋糕的 1/2 就归你了，剩下的我们几个分着吃。小猪不满意地说：1/2 太少了，我要吃 1/3。动物们听了小猪的话，都哈哈大笑。同学们，这是为什么呀？竖起耳朵认真听讲，你们很快就会明白啦。</td></tr>
<tr><td>解说内容主体（不少于 3 段，500 字左右）</td><td colspan="4">月饼盒里有三个一模一样的月饼，小明吃了其中的两个，根据我们之前学过的知识，可以用分数 2/3 来表示；小丽吃了剩下的一个，用分数表示就是 1/3。小明比小丽多吃了一个，那么根据这一生活经验，我们很容易判断出 2/3 大于 1/3。
我们把一个蛋糕像这样平均分成 8 份，取其中的两份，就是 2/8，取其中的四份就是 4/8，通过观察我们发现 4/8 比 2/8 要大。我们知道，分母代表把一个事物平均分成几份，分子代表取其中的几份，取得的份数越多，分数越大。因此，同分母分数比大小，要看分子。我们可以总结为：分母相同，分子大的分数就大。例如：2/3 大于 1/3，4/5 大于 3/5。
可是如果两个分数的分母不一样，分子却一样，哪一个分数更大呢？比如小猪遇到的那个问题，1/2 和 1/3 哪一个更大呢？1/2 就是平均分成两份，取其中的一份；1/3 就是平均分成三份，取其中的一份。大家想一想，同样的一个蛋糕，平均分的份数越多，每一份是不是就越小呀？换句话说，同样的一个蛋糕，平均分的份数越少，每一份就越大。因此，同分子分数比大小，要看分母。我们可以总结为：分子相同，分母小的分数就大。例如：1/2 大于 1/3，2/3 大于 2/5，3/7 大于 3/8。
需要特别注意的是：比较同分子的分数时，一定要与比较整数的大小区分开，分母大的分数反而小。不然就会像小猪一样闹出笑话。</td></tr>
<tr><td>结束语（衔接语，100 字左右）</td><td colspan="4">同学们，分数比大小，奥秘真不少。光听不练习，本领大不了。现在，习题宝宝们已经做好了准备，正等着大家前去挑战呢！</td></tr>
</table>

2. 怎样区分线段、射线和直线

<table>
<tr><td>解说题目</td><td colspan="2">怎样区分线段、射线和直线</td><td>解说对象</td><td>四年级小学生</td></tr>
<tr><td rowspan="3">解说语境</td><td>小学学科</td><td>数学</td><td>教材版本及册数</td><td>青岛版四年级上册</td></tr>
<tr><td>教学课题</td><td colspan="3">线和角</td></tr>
<tr><td>教学环节</td><td colspan="3">探索新知</td></tr>
<tr><td rowspan="2">解说目的</td><td>目的 1</td><td colspan="3">教会学生认识线段、射线和直线</td></tr>
<tr><td>目的 2</td><td colspan="3">让学生感受准确而精彩的语言魅力并潜移默化地提高学生的语言表达水平</td></tr>
<tr><td>辅助手段或教具</td><td colspan="4">PPT、板书</td></tr>
<tr><td>导入语（衔接语，100 字左右）</td><td colspan="4">同学们，请看大屏幕，图上有一只小狗，在离它不远处有一个香喷喷的肉包子。有三条路线可以吃到包子，你们觉得小狗会选哪一条，为什么？噢，老师听到你们说选笔直的那条路，因为它看上去最短。你们可真聪明！这条路其实是一条线段，它还有两个孪生兄弟，分别是射线和直线，我们一起来认识一下吧。</td></tr>
<tr><td>解说内容主体（不少于 3 段，500 字左右）</td><td colspan="4">老师在黑板上画好了一条线段。我们来观察一下，线段有什么特点？线段是直的，有两个端点。既然有两个端点，说明线段的长度是有限的，是可以测量的。老师量了一下，这条线段的长度是 30 厘米。我们所使用的铅笔、尺子等都可看作线段。我们可以借助尺子，画出指定长度的线段，两个端点都要画出来，就像老师在黑板上画的这样。
如果我们把这条线段的一端无限延长，就得到一条射线。无限延长是什么意思？就是很长很长，一直看不到终点。既然射线有一端是没有终点的，那我们当然无法测量了。所以，我们可以说线段的长度是多少，但不可以说射线的长度是多少。在我们的生活中，手电筒的光束、汽车车灯的光束、探照灯的光束，都是射线。射线只有一个端点。
通过刚才的学习，我们已经知道把线段的一端无限延长，就可以得到一条射线。同学们再想一想，要是把线段的两端都无限延长，又会得到一条怎样的线呢？对了，就是直线。直线没有端点，向两端无限延长，长度无法测量。在生活中，完整的直线是见不到的。我们平时所说的画直线，其实只是画了直线的一部分，看上去很像线段，与线段不同的是，没有画端点。
为了方便大家记忆，老师还给大家总结了一个小口诀：线段是个乖孩子，规规矩矩不出头。射线有点小调皮，半守规矩半自由。就数直线难管教，两边全都不见头。</td></tr>
<tr><td>结束语（衔接语，100 字左右）</td><td colspan="4">同学们，刚才老师带大家认识了线段、射线和直线三兄弟，你们记住它们的特征了吗？请看大屏幕，老师这里有一个表格，从端点个数、延伸情况、可测性三个方面对三者进行比较。下面请大家独立完成表格填写，检验一下自己掌握的情况吧。</td></tr>
</table>

3. 认识角

解说题目	认识角		解说对象	四年级小学生
解说语境	小学学科	数学	教材版本及册数	人教版四年级上册
	教学课题	繁忙的工地——线和角		
	教学环节	观察实践 探究新知		
解说目的	目的 1	让学生结合实物观察并认识角，知道角的各部分名称并能判断角		
	目的 2	让学生感受准确而精彩的语言魅力并潜移默化地提高学生的语言表达水平		
辅助手段或教具	三角板、正方形、长方形、五角星形，PPT			
导入语（衔接语，100 字左右）	同学们，通过观察，大家发现了正方形、长方形、五角星形中都有角。 角还藏在园丁爷爷修剪花草用的剪刀里，藏在钟面上，还藏在老师拿的三角板中。现在我们把它们找出来，看看数学中的角到底是什么样子的吧！			
解说内容主体（不少于 3 段，500 字左右）	聪明的同学们一定发现了，这些角都有相同的地方！那就是它们都有一个尖，还都有两条直直的线。数学家们给角的各个地方都起了好听的名字，这个尖尖的地方，就是这个点，在数学上称为角的顶点。同学们仔细看一看，角有几个顶点呢？对，每个角只有一个顶点。这是什么？（指着两条边提问）对，这两条直直的线叫作边。你看，这是其中的一条边，这是第二条边。大家看，每个角都有两条边。以上我们可以看出，角都有一个共同的特征，即一个顶点、两条边。 同学们，听说咱们在认识角，课堂上来了一些小客人，看，他们都说自己是角（出示 PPT）。 根据角的特征，我们可以判断出 1、3 是角，因为他们是由一个顶点和两条直直的边构成的；图 2 找不到明显的顶点；图 4、5 有顶点，但一条边是弯的；图 6 的两条边虽然是直的，但两条线没有碰到一起，找不到一个顶点。也就是说，角的两条边要相交于一点，角的顶点是两条边公有的。 如果我转图 1 这个角的方向，它还是角吗？是。再转呢？也是。也就是说，虽然它们位置在变化，但是一个顶点两条边始终不变。所以它始终是角。 通过上面的判断，大家是不是对角有了更清晰的认识了呢？对于角的基本特征，我们可以这样记：小小角真简单，一个顶点两条边，尖尖角、直直边，顶点和边要相连。			
结束语（衔接语，100 字左右）	同学们，我们认识了角，你能在操场上、在我们的教室里、在我们的身边找到“角”这位朋友吗？			

4. 加法的交换律和结合律

<table>
<tr><td>解说题目</td><td colspan="2">加法的交换律和结合律</td><td>解说对象</td><td>四年级小学生</td></tr>
<tr><td rowspan="3">解说语境</td><td>小学学科</td><td>数学</td><td>教材版本及册数</td><td>人教版四年级下册</td></tr>
<tr><td>教学课题</td><td colspan="3">运算定律</td></tr>
<tr><td>教学环节</td><td colspan="3">探究新知</td></tr>
<tr><td rowspan="2">解说目的</td><td>目的 1</td><td colspan="3">让学生掌握加法的交换律和结合律,并能熟练运用</td></tr>
<tr><td>目的 2</td><td colspan="3">让学生感受准确而精彩的语言魅力并潜移默化地提高学生的语言表达水平</td></tr>
<tr><td>辅助手段或教具</td><td colspan="4">PPT</td></tr>
<tr><td>导入语(衔接语,100 字左右)</td><td colspan="4">同学们,关于加法的运算,我们都已经熟练掌握了。但是,同学们知道吗?我们在运算的时候,里面会有一些规律性的东西,我们把这些规律就叫作运算定律。那接下来,就请同学们跟老师一起,探讨一下加法运算中会有哪些定律吧。</td></tr>
<tr><td>解说内容主体(不少于 3 段,不多于 5 段,500 字左右)</td><td colspan="4">假期快到了,骑车旅行是一种既环保又锻炼身体的出行方式。你们看,李叔叔正在骑车,他想让我们帮他算算一共骑了多少千米。我们一起来帮他解决这个问题吧!
李叔叔今天上午骑了 40 千米,下午骑了 56 千米,那他一共骑了多少千米呢?我们用 40 + 56 算出了结果是 96(km)。那如果我们把这两个数换过来会是什么结果呢?我们发现 56 + 40 也等于 96(km),这是不是很神奇啊?原来两个加数交换位置,结果都是一样的呀!我们用数学语言表述出来就是:两个数相加,交换加数的位置,和不变,这就叫作加法交换律。我们也可以用字母表示:$a+b=b+a$。
这个问题解决了,李叔叔又碰到了另一个难题,需要我们的帮助。他想知道三天的时间一共骑了多少千米?我们再来帮帮他吧!
我们可以先算出第一天和第二天骑了多少千米,再加上第三天的 96km。算式就是(88 + 104) + 96 = 288(km);那我们要是先算出第二天和第三天骑了多少千米,再加上第一天的,会是什么结果呢?我们发现 88 + (104 + 96) = 288(km),结果也是一样的。原来,加数不变,位置不变,只是改变运算顺序,结果是不变的。这也就是三个数相加,先把前两个数相加,或者先把后两个数相加,和不变,就叫作加法结合律。用字母表示就是$(a+b)+c=a+(b+c)$。</td></tr>
<tr><td>结束语(衔接语,100 字左右)</td><td colspan="4">我们今天一起发现了加法的交换律和结合律,运用它可以解决运算过程中的许多难题,让大家运算起来更加简便。所以我们一定要多练习,更好地运用它们。</td></tr>
</table>

5. 初步认识三角形

<table>
<tr><td>解说题目</td><td colspan="2">初步认识三角形</td><td>解说对象</td><td>四年级小学生</td></tr>
<tr><td rowspan="3">解说语境</td><td>小学学科</td><td>数学</td><td>教材版本及册数</td><td>青岛版四年级下册</td></tr>
<tr><td>教学课题</td><td colspan="3">认识多边形</td></tr>
<tr><td>教学环节</td><td colspan="3">探究新知</td></tr>
<tr><td rowspan="2">解说目的</td><td>目的 1</td><td colspan="3">教会学生认识三角形，了解其特征和特性</td></tr>
<tr><td>目的 2</td><td colspan="3">让学生感受准确而精彩的语言魅力并潜移默化地提高学生的语言表达水平</td></tr>
<tr><td>辅助手段或教具</td><td colspan="4">PPT、三角板、自制多边形学具</td></tr>
<tr><td>导入语（衔接语，100 字左右）</td><td colspan="4">说起三角形，它应该算是我们的老朋友了。在日常生活中随处可见三角形的身影，我们画图用的三角板、上学戴的红领巾都是三角形的。其实，我们这位老朋友的本领可大着呢，它在工农业生产和现代化建设中特别受欢迎。这节课，我们就一起走近三角形，探索它受欢迎的秘密。</td></tr>
<tr><td>解说内容主体（不少于 3 段，500 字左右）</td><td colspan="4">大家看大屏幕，老师这里有一段小动画，名字叫《三角形诞生记》，大家一定要认真看。三条线段出现了，它们成了好朋友，首尾相接做游戏，彼此再也不分离。三角形就这样诞生了！我们可以用一句话概括三角形的定义：三角形就是由三条线段首尾相接围成的图形。
接下来，我们利用三角板来了解一下三角形各个部分的名称：组成三角形的每条线段都叫作三角形的边，相邻两边的夹角叫作三角形的角，相邻两边的公共端点叫作三角形的顶点。
大家看，屏幕上有各种各样的三角形，它们有什么共同点呢？通过观察我们不难看出，三角形和“三”特别有缘，它有三个角、三条边、三个顶点，这就是三角形的特征。
为了区别不同的三角形，我们可以给三角形的每个顶点标上不同的大写英文字母，用以命名。例如，在一个三角形的三个顶点上分别标上 A、B、C，我们就叫它三角形 ABC；在另一个三角形的三个顶点分别标上 D、E、F，我们叫就它三角形 DEF。
下面我们来做一个小实验。这些是老师事先做好的多边形学具，有三角形、四边形和五边形。现在老师分别来拉一拉它们，大家注意观察。通过观察我们发现：三角形受力形状稳定，四边形和五边形受力则容易变形。所以说，稳定性是三角形的重要特性。</td></tr>
<tr><td>结束语（衔接语，100 字左右）</td><td colspan="4">同学们，听了老师的讲解，你们知道三角形受欢迎的秘密了吗？对，就是三角形具有稳定性，不易变形。现在请每个小组迅速展开讨论，说一说三角形的稳定性在我们的生活中有哪些实际应用，一会儿将进行小组汇报。</td></tr>
</table>

6. 认识对称图形

<table>
<tr><td>解说题目</td><td colspan="2">认识对称图形</td><td>解说对象</td><td>五年级小学生</td></tr>
<tr><td rowspan="3">解说语境</td><td>小学学科</td><td>数学</td><td>教材版本及册数</td><td>青岛版五年级上册</td></tr>
<tr><td>教学课题</td><td colspan="3">图案美——对称、平移与旋转</td></tr>
<tr><td>教学环节</td><td colspan="3">讲授新知</td></tr>
<tr><td rowspan="2">解说目的</td><td>目的 1</td><td colspan="3">让学生理解对称的概念，能够正确辨别轴对称图形</td></tr>
<tr><td>目的 2</td><td colspan="3">让学生感受准确而精彩的语言魅力并潜移默化地提高学生的语言表达水平</td></tr>
<tr><td>辅助手段或教具</td><td colspan="4">PPT、剪纸</td></tr>
<tr><td>导入语（衔接语，100 字左右）</td><td colspan="4">同学们，屏幕上展示了世界上有名的建筑物，有埃菲尔铁塔、天安门，还有天坛。大家肯定都觉得它们的造型令人赏心悦目，这是因为它们都具有一种对称美。今天，老师要带大家一起来认识一类比较特殊的图形——对称图形。</td></tr>
<tr><td>解说内容主体（不少于 3 段，不多于 5 段，500 字左右）</td><td colspan="4">如果我们把天安门、埃菲尔铁塔、天坛等物体画下来，就可以得到一些平面图形。让我们一起思考一下，这些图形都具有怎样的特点呢？其实，不难发现，把这些图形对折，对折以后两边的部分能够完全重合。中间的折痕就像一条轴，把图形平均分成了两部分。这种对折后可以完全重合的图形就叫作对称图形，刚刚我们对折时出现的那条折痕叫作对称轴。
大家看我手里拿的这个蝴蝶剪纸，我把蝴蝶对折，仔细观察可以发现，对折之后蝴蝶图片完全重合，那么我们就说这个蝴蝶剪纸是对称图形，这条折痕就是对称轴。大家还能举出生活中对称图形的例子吗？其实，许多动物的外形都是对称的，比如螃蟹；有许多艺术品的外形也是对称的，比如我们刚才展示的蝴蝶剪纸。飞机的外形也是对称的。大家试想一下，如果飞机的外形不是对称的，那将会怎样呢？对，可能因为无法保持平衡而从空中落下！
其实，我们之前学过的很多种图形也是对称图形。大家回忆一下，有长方形、正方形、等腰三角形，还有圆形，它们都是对称的。那么，你能找出它们都有几条对称轴吗？大家分析的不错，对折以后可以发现正方形有 4 条对称轴，长方形有 2 条对称轴，等腰三角形有 1 条对称轴，圆形有无数条对称轴。</td></tr>
<tr><td>结束语（衔接语，100 字左右）</td><td colspan="4">同学们，今天我们认识了对称图形，体会到了对称的美。请大家在课后仔细找找生活中还有哪些东西是对称的，下节课一起来分享吧。</td></tr>
</table>

7. 怎样计算平行四边形的面积

<table>
<tr><td>解说题目</td><td colspan="2">怎样计算平行四边形的面积</td><td>解说对象</td><td>五年级小学生</td></tr>
<tr><td rowspan="3">解说语境</td><td>小学学科</td><td>数学</td><td>教材版本及册数</td><td>人教版五年级上册</td></tr>
<tr><td>教学课题</td><td colspan="3">水产养殖场——多边形的面积</td></tr>
<tr><td>教学环节</td><td colspan="3">讲授新知</td></tr>
<tr><td rowspan="2">解说目的</td><td>目的 1</td><td colspan="3">让学生学会推导平行四边形面积公式,并熟练运用</td></tr>
<tr><td>目的 2</td><td colspan="3">让学生感受准确而精彩的语言魅力并潜移默化地提高学生的语言表达水平</td></tr>
<tr><td>辅助手段或教具</td><td colspan="4">平行四边形的卡纸、长方形的卡纸</td></tr>
<tr><td>导入语（衔接语,100 字左右）</td><td colspan="4">同学们,我们已经初步认识了平行四边形,接下来就请大家跟着老师一起看看平行四边形在生活中的应用吧。大家看,这里有一片果园,这个果园是平行四边形。其中,这个平行四边形的底边长是 20 米,高是 5 米,大家能不能算出这个果园的面积是多少?</td></tr>
<tr><td>解说内容主体（不少于 3 段,不多于 5 段,500 字左右）</td><td colspan="4">大家观察一下会发现,这个果园是一个平行四边形,求果园的面积就是求这个平行四边形的面积。那么,平行四边形的面积如何计算呢?同学们请看老师的操作,我们沿着平行四边形的一条高将平行四边形分成两部分,之后通过左右的平移,我们就可以将其拼成一个长方形,这样就完成了平行四边形到长方形的转变。
我们还发现,平移前的平行四边形的底等于平移后的长方形的长,平移前的平行四边形的高等于平移后的长方形的宽。我们已经学习了长方形的面积等于长乘宽,所以平行四边形的面积等于底乘高。如果用大写字母 S 表示平行四边形的面积,a 表示底,h 表示高,那么平行四边形的面积用字母表示为 $S = ah$。
除了将平行四边形转化为长方形以外,还可以用数方格的方法来计算面积。同学们通过割补的方法,再加上有方格线的提示,同样可以把一个平行四边形转化为一个长方形,并用长方形面积公式推导出平行四边形面积的计算公式。
现在,同学们可以计算出这个果园的面积了吗?对,那就是底 × 高 $= 20 \times 5 = 100$（平方米）</td></tr>
<tr><td>结束语（衔接语,100 字左右）</td><td colspan="4">同学们,我们用多种方法推导出了平行四边形的面积公式,是不是很有成就感啊?下面请大家打开课后的自主练习,来计算一下这些平行四边形的面积。</td></tr>
</table>

8. 认识比

<table>
<tr><td>解说题目</td><td colspan="2">认识比</td><td>解说对象</td><td>六年级学生</td></tr>
<tr><td rowspan="3">解说语境</td><td>小学学科</td><td>数学</td><td>教材版本及册数</td><td>人教版六年级上册</td></tr>
<tr><td>教学课题</td><td colspan="3">人体的奥秘——比</td></tr>
<tr><td>教学环节</td><td colspan="3">沟通交流,探究新知</td></tr>
<tr><td rowspan="2">解说目的</td><td>目的 1</td><td colspan="3">让学生在具体的情境中理解比的意义,知道比的各部分名称,理解比与分数、除法的关系</td></tr>
<tr><td>目的 2</td><td colspan="3">让学生感受准确而精彩的语言魅力并潜移默化地提高学生的语言表达水平</td></tr>
<tr><td>辅助手段或教具</td><td colspan="4">PPT、比的表示图</td></tr>
<tr><td>导入语(衔接语,100 字左右)</td><td colspan="4">同学们,美好的一天从早餐开始。星期六早上,妈妈准备了早餐饮料:2 杯果汁和 3 杯牛奶。如何用比表示 3 杯牛奶和 2 杯果汁的数量关系呢?</td></tr>
<tr><td>解说内容主体(不少于 3 段,500 字左右)</td><td colspan="4">就是 3:2,记作 3:2,读作三比二。在 3 和 2 中间的这个符号叫作比号。在两个数的比中,比号前面的数是比的前项,比号后面的数是比的后项。比的前项除以比的后项得的商,叫作比值。例如:
$3:2 = 3 \div 2 = 3/2$(1.5 或 $1\frac{1}{2}$)
其中,3 是前项,2 是后项,中间是比号,3/2 是比值。
同学们,比的概念是借助除法的概念建立起来的,两个数相除又叫作两个数的比。如 3/2,仍读作“3 比 2”。也可以用整数或小数表示,即 1.5 或 $1\frac{1}{2}$。
比与除法、分数之间有什么联系?比的前项、后项、比值相当于分数和除法算式中的什么?比的后项可以为 0 吗?
通过认真观察上面的式子,我们会发现,在除法中,比的前项相当于被除数,后项相当于除数;比号相当于除号;比值相当于商。根据除法与分数的关系,我们可知:比的前项相当于分数的分子,后项相当于分数的分母,比号相当于分数线,比值相当于分数值。但三者又是不同的,与除法、分数不同的是,除法是一种运算,分数是一种数,比表示两个数的关系。同学们,比的后项能不能是 0 呢?是的,不能。在除法中,除数不能为 0;在分数中,分母不为 0,所以比的后项也不能为 0。
如果我们用字母表示比和分数、除法之间的内在联系,就是:
$a:b = a \div b = a/b\ (b \neq 0)$</td></tr>
<tr><td>结束语(衔接语,100 字左右)</td><td colspan="4">同学们,我们理解了比和除法、分数的关系。下面老师可要考考大家了!请大家看屏幕,加油站中的这些题你会做吗?</td></tr>
</table>

（三）小学英语知识解说稿 5 篇

1. 怎样打招呼

<table>
<tr><td>解说题目</td><td colspan="2">怎样打招呼</td><td>解说对象</td><td>三年级小学生</td></tr>
<tr><td rowspan="3">解说语境</td><td>小学学科</td><td>英语</td><td>教材版本及册数</td><td>鲁科版三年级上册</td></tr>
<tr><td>教学课题</td><td colspan="3">Hello!</td></tr>
<tr><td>教学环节</td><td colspan="3">呈现新知</td></tr>
<tr><td rowspan="2">解说目的</td><td>目的 1</td><td colspan="3">让学生听懂、会说 Hello、Hi，能使用“I'm...”进行自我介绍</td></tr>
<tr><td>目的 2</td><td colspan="3">让学生感受准确而精彩的语言魅力并潜移默化地提高学生的语言表达水平</td></tr>
<tr><td>辅助手段或教具</td><td colspan="4">PPT</td></tr>
<tr><td>导入语（衔接语，100 字左右）</td><td colspan="4">同学们，刚才我们一起欣赏了一首优美的英语歌曲，从大家的眼神中，老师感受到了你们对英语学习的热情。下面老师将为大家请出三位课本中的人物，他们将陪伴我们一起学习英语。我们先来用英语跟他们简单打个招呼，好不好？</td></tr>
<tr><td>解说内容主体（不少于 3 段，500 字左右）</td><td colspan="4">老师听到好多同学都已经会用英语打招呼了呢！真是很了不起！不过，老师也发现了一个小问题：刚才打招呼的时候，有的同学用的是“Hello”，有的同学用的却是“Hi”，两者有什么区别，大家知道吗？现在由老师来告诉大家。
“Hello”就是“您好”“你好”的意思，比较正式。在正式的场合或是面对陌生人及长辈时，我们多用“Hello”。与他人见面时，我们可以微笑着用“Hello”跟对方打招呼，对方也会用“Hello”作为回礼。“Hi”也表示“你好”，比“Hello”要随意一些。如果是跟平辈且比较熟悉的人打招呼，比如朋友之间、同学之间见面的时候，我们可以微笑着说“Hi”，对方也会用“Hi”作为回礼。
另外，在初次见面的时候，我们打招呼的同时还可以简单介绍一下自己，比如告诉对方你的名字，让对方对你的印象更深刻。怎么告诉对方你的名字呢？我们可以用“I'm...”这个句型来介绍自己。例如：“I'm Zhang Na.”
我们来听听课本中的三个人物是怎么介绍自己的吧。首先出场的是一只可爱的小恐龙，它叫 Danny。Danny 说：“Hello! I'm Danny.”你好！我是丹尼。接下来出场的是一个来自中国的男孩子，他叫 Li Ming。Li Ming 说：“Hi! I'm Li Ming.”你好！我是李明。最后出场的是一个外国女孩子，她叫 Jenny。Jenny 说：“Hi! I'm Jenny.”你好！我是珍妮。你们听，他们介绍得多清楚啊！</td></tr>
<tr><td>结束语（衔接语，100 字左右）</td><td colspan="4">同学们，打招呼是我们日常交际的第一步。老师相信每位同学都希望有更多的朋友，都想做有礼貌的孩子。那你们学会打招呼了吗？现在就跟你身边的同学打个招呼，相互介绍一下自己吧。</td></tr>
</table>

2. 怎样询问颜色

<table>
<tr><td>解说题目</td><td colspan="2">怎样询问颜色</td><td>解说对象</td><td>三年级小学生</td></tr>
<tr><td rowspan="3">解说语境</td><td>小学学科</td><td>英语</td><td>教材版本及册数</td><td>鲁科版三年级上册</td></tr>
<tr><td>教学课题</td><td colspan="3">What colour is it?</td></tr>
<tr><td>教学环节</td><td colspan="3">呈现新知</td></tr>
<tr><td rowspan="2">解说目的</td><td>目的 1</td><td colspan="3">让学生会读会认 red 等七个表示颜色的单词,能够用简单句型来描述事物的颜色</td></tr>
<tr><td>目的 2</td><td colspan="3">让学生感受准确而精彩的语言魅力并潜移默化地提高学生的语言表达水平</td></tr>
<tr><td>辅助手段或教具</td><td colspan="4">PPT、实物</td></tr>
<tr><td>导入语（衔接语,100 字左右）</td><td colspan="4">大家看,老师这里有一只画好的卡通小熊,是不是很可爱呢？不过,这只小熊还没有涂颜色,涂上颜色后,小熊会变得更可爱！同学们,你们会用英语表达各种颜色吗？今天,老师从单词王国里请来了几位成员,它们都是表示颜色的,我们先去认识一下它们。</td></tr>
<tr><td>解说内容主体（不少于 3 段,500 字左右）</td><td colspan="4">首先,我们来看 red、yellow 和 orange 这三个单词。老师这里有一个苹果,苹果是红色的,red 表示红色。跟老师一起读:red,红色。It's red。老师这里有一只香蕉,香蕉是黄色的,yellow 表示黄色。跟老师一起读: yellow,黄色。It's yellow。老师这里还有一个橙子,橙子是橙色的,orange 表示橙色。跟老师一起读:orange,橙色。It's orange。大家读得真准确,看来课前预习做得很不错。
老师这里还有一张大熊猫的图片呢！大家看,大熊猫的脸是什么颜色的？对,是白色的,white 表示白色。跟老师一起读: white,白色。It's white。那大熊猫的眼睛又是什么颜色的？对,是黑色的,black 表示黑色。跟老师一起读:black,黑色。It's black。大熊猫爱吃竹子,你们看图上的大熊猫吃得多香啊！竹子是绿色的,green 表示绿色。跟老师一起读: green,绿色。It's green。大家学得可真认真！
同学们,一直盯着大屏幕是不是有点累呀？我们望望窗外放松一下。大家觉得今天的天气怎么样啊？噢,天气很好,天空很蓝。那蓝色该怎么说呢？blue 表示蓝色,天空是蓝色的。跟老师一起读: blue,蓝色。It's blue。
好了,本课中关于颜色的单词我们已经学完了。那如果我们想用英语问某物是什么颜色的,该怎么说呢？老师教大家一个句型好不好？我们可以指着某物,用“What colour is it?”来进行提问,用“It's...”来回答。我们来看课文,课文中的小姑娘指着红气球问小鳄鱼:“What colour is it?”小鳄鱼回答:“It's red.”</td></tr>
<tr><td>结束语（衔接语,100 字左右）</td><td colspan="4">同学们,本节课的单词和句型你们学会了吗？现在,老师把涂好颜色的卡通小熊请回来了。请同桌之间利用学会的单词和句型来相互提问,看看小熊身上都涂上了哪些颜色吧。</td></tr>
</table>

3. 怎样使用 How many

解说题目	怎样使用 How many		解说对象	小学三年级学生
解说语境	小学学科	小学英语	教材版本及册数	人教版三年级下册
	教学课题	How many green birds		
	教学环节	呈现新知		
解说目的	目的 1	让学生学会 how many 的用法		
	目的 2	让学生感受准确而精彩的语言魅力并潜移默化地提高学生的语言表达水平		
辅助手段或教具	板书、钢笔、书等实物			
导入语（衔接语，100 字左右）	Hello everyone! Look at the powerpoint and answer my question. How many ducks can you see? You please, six? Right? Let us count it. Yes, six ducks. Today we will learn "How many".			
解说内容主体（不少于 3 段，不多于 5 段，500 字左右）	First, please tell me "what is this?"——两本书, two books; 三支钢笔, three pens; 四扇窗户, four windows. OK, you are great! Look here, how many windows can you see? One, two, three, four. 这个时候我们就可以用所学过的数字短语来回答了: I can see four windows. 同学们，当我们想知道某个物品的数量时，就可以用 how many 这个句型来提问；回答的时候就可以这样回答: I can see + 数字 + 物品。 Now, look at me. 你看到了几本书呢? How many books can you see? 我看到了两本书, I can see two books. 你看到了几支钢笔呢? How many pens can you see? 我看到了三支钢笔, I can see three pens. 从上面的对话中，我们用到了我们以前所学过的词。比如 book, pen, window。它们会有一些变化，就是后面加上了小小的"s"。这就需要我们注意，当我们用 how many 来提问的时候，物品要用复数来表示。 请大家看大屏幕, How many dogs can you see? ——I can see 11 dogs. The next, how many cats can you see? I can see 12 cats. 最后一张图片, How many green birds can you see? I can see 10 green birds. 我能看到 10 只绿色的鸟。			
结束语（衔接语，100 字左右）	最后，请同学们两人一组进行 how many 这个句型的对话练习，大家一定要注意名词的复数形式啊。			

4. 怎样介绍身体部位

<table>
<tr><td>解说题目</td><td colspan="2">怎样介绍身体部位</td><td>解说对象</td><td>三年级小学生</td></tr>
<tr><td rowspan="3">解说语境</td><td>小学学科</td><td>英语</td><td>教材版本及册数</td><td>鲁科版三年级上册</td></tr>
<tr><td>教学课题</td><td colspan="3">This is my head</td></tr>
<tr><td>教学环节</td><td colspan="3">呈现新知</td></tr>
<tr><td rowspan="2">解说目的</td><td>目的 1</td><td colspan="3">教学生会读会认 head 等 10 个表示身体部位的单词，能够用“This is……”句型介绍自己的身体部位</td></tr>
<tr><td>目的 2</td><td colspan="3">让学生感受准确而精彩的语言魅力并潜移默化地提高学生的语言表达水平</td></tr>
<tr><td>辅助手段或教具</td><td colspan="4">PPT</td></tr>
<tr><td>导入语（衔接语，100 字左右）</td><td colspan="4">同学们，刚才我们看了一小段动画片，里面的主人公是谁呀？对，是大耳朵图图，图图的特点是长着一对大耳朵。耳朵这个单词你们会说吗？老师来告诉大家吧，ear 就是耳朵的意思，e－a－r，ear。这节课我们将要学习一些关于身体部位的单词，我们一起去看看吧。</td></tr>
<tr><td>解说内容主体（不少于 3 段，500 字左右）</td><td colspan="4">首先是我们的头部，头部用单词 head 来表示，h－e－a－d，head，头部。然后是我们的四肢，胳膊和腿分别用不同的单词表示：arm 表示胳膊，a－r－m，arm，胳膊；leg 表示腿，l－e－g，leg，腿。最后是我们的手和脚，也用不同的单词表示：hand 表示手，h－a－n－d，hand，手；foot 表示脚，f－o－o－t，foot，脚。
下面跟老师一起有节奏地读一下这组单词：head，head，头；arm，arm，胳膊；leg，leg，腿；hand，hand，手；foot，foot，脚。
同学们，刚才我们从整体上介绍了身体各部分的名称，现在让我们把目光集中到头部，下面这组单词表示的身体部位都是长在头部的。我们的脸用单词 face 来表示，脸上有被称为“心灵之窗”的眼睛，有用来呼吸的鼻子，还有用来吃饭和说话的嘴巴。眼睛用英语怎么说？eye，e－y－e，eye，眼睛。鼻子呢？鼻子是 nose，n－o－s－e，nose，鼻子。嘴巴是 mouth，m－o－u－t－h，mouth，嘴巴。耳朵这个词刚才老师告诉你们了，还记得吗？对，就是 ear。大家记得可真牢啊！
下面跟老师一起像刚才那样有节奏地读一下这组单词：face，face，脸；eye，eye，眼睛；nose，nose，鼻子；mouth，mouth，嘴巴；ear，ear，耳朵。
同学们，我们在介绍自己身体部位的时候，一般使用“This is...”这个句型。通过前面单元的学习，大家对此句型应该相当熟悉了。例如，This is my head ，这是我的头；This is my leg，这是我的腿。</td></tr>
<tr><td>结束语（衔接语，100 字左右）</td><td colspan="4">现在，请大家两两一组，用“This is...”这个句型来介绍自己身体的各个部位，看谁掌握的单词又多又好，开始吧！</td></tr>
</table>

5. 认识四季

<table>
<tr><td>解说题目</td><td colspan="2">认识四季</td><td>解说对象</td><td>四年级小学生</td></tr>
<tr><td rowspan="3">解说语境</td><td>小学学科</td><td>英语</td><td>教材版本及册数</td><td>人教版四年级上册</td></tr>
<tr><td>教学课题</td><td colspan="3">It's winter</td></tr>
<tr><td>教学环节</td><td colspan="3">讲授新知</td></tr>
<tr><td rowspan="2">解说目的</td><td>目的 1</td><td colspan="3">让学生了解并掌握四季及四季特征的英语表达</td></tr>
<tr><td>目的 2</td><td colspan="3">让学生感受准确而精彩的语言魅力并潜移默化地提高学生的语言表达水平</td></tr>
<tr><td>辅助手段或教具</td><td colspan="4">多媒体课件</td></tr>
<tr><td>导入语（衔接语，100 字左右）</td><td colspan="4">Hello, boys and girls！接下来，我们将通过几幅图片，一起走进四季的王国，去了解英语中的四季。</td></tr>
<tr><td>解说内容主体（不少于 3 段，不多于 5 段，500 字左右）</td><td colspan="4">我们先来看一组图片，简单认识一下四季：春、夏、秋、冬。首先我们一起学习季节这个单词，季节，season，s－e－a－s－o－n。当我们问“这是什么季节”时，要用到句型“What season is it?”对它的回答我们要使用“It's＋季节名称”这个句型。我们结合图片来做出回答。
首先来看第一张图片，What season is it？哦，嫩绿的草地，它是春天，那么我们就说：It's spring。Spring，春天，s－p－r－i－n－g. 春天很温暖，我们可以说：It's warm in spring. warm，温暖的。接下来是茂密的树叶，它代表的是夏天，It's summer。Summer，夏天，s－u－m－m－e－r. 夏天很炎热我们就可以说：It's hot in summer. hot，炎热的。图片中满山的红叶表示秋天到了，It's autumn。秋季用英语说是 autumn. a－u－t－u－m－n. 秋天很凉爽，我们可以说：It's cool in autumn. cool，凉爽的。
看最后一个图片，这是哪个季节呢？Yes，银白色的世界告诉我们这是冬季。冬季用英语说是 winter. w－i－n－t－e－r. 冬天很寒冷，我们可以用英语说：It's cold in winter. cold，寒冷的。
好了，经过学习，大家知道了我们提问季节的句子是：What season is it？还有四季的名称和特征，他们分别是：spring，春天，天气特征是 warm，温暖的；summer，夏天，天气特征是 hot，炎热的；autumn，秋天，天气特征是 cool，凉爽的；以及 winter，冬天，天气特征是 cold，寒冷的。</td></tr>
<tr><td>结束语（衔接语，100 字左右）</td><td colspan="4">好了同学们，下面进入练习环节，老师翻动图片提问：What season is it？大家根据图片回答，例如：It's summer，It's hot in summer. OK，let us begin！</td></tr>
</table>

(四)小学信息技术知识解说稿5篇

1.初步认识电脑

<table>
<tr><td>解说题目</td><td colspan="2">初步认识电脑</td><td>解说对象</td><td>三年级小学生</td></tr>
<tr><td rowspan="3">解说语境</td><td>小学学科</td><td>信息技术</td><td>教材版本及册数</td><td>泰山版三年级上册</td></tr>
<tr><td>教学课题</td><td colspan="3">信息工具知多少</td></tr>
<tr><td>教学环节</td><td colspan="3">讲解演示</td></tr>
<tr><td rowspan="2">解说目的</td><td>目的1</td><td colspan="3">让学生了解电脑硬件和软件</td></tr>
<tr><td>目的2</td><td colspan="3">让学生感受准确而精彩的语言魅力并潜移默化地提高学生的语言表达水平</td></tr>
<tr><td>辅助手段或教具</td><td colspan="4">PPT</td></tr>
<tr><td>导入语（衔接语，100字左右）</td><td colspan="4">同学们,我们现在生活在一个“信息大爆炸”的时代,我们的脑子都快不够用了,需要找个好帮手来帮帮忙。它呀,“有头不长发,通电才干活,记性超级棒,样样都精通”,你们说它是什么？对！就是电脑。现在,我们就一起去认识一下它吧。</td></tr>
<tr><td>解说内容主体（不少于3段，500字左右）</td><td colspan="4">大家看,大屏幕上出现了一台常见的家用台式电脑。它有几部分组成呢？我们一起来数一数。一、二、三、四,一共有四部分组成。
首先来看这个箱子,它的名字叫“主机”,被喻为电脑的“心脏”,是电脑处理信息的地方。再来看这个像电视屏幕一样的东西,它的名字叫“显示器”,我们通过它来查看电脑里的信息。最后我们看这两个:这个像一块大巧克力,我们叫它“键盘”;这个像一只长尾巴的小老鼠的,我们就叫它“鼠标”。键盘和鼠标都是用来操作电脑的,我们可以通过它们给电脑“下命令”,让电脑乖乖地为我们服务。
一台电脑就是由主机、显示器、键盘、鼠标四部分组成的。不过,这些只是电脑的硬件,就像人的身体一样,虽然它四肢健全,但是没有“文化”,就什么也做不了。我们想让电脑当我们的好帮手,也要让它不断学习,通过安装各种程序,使电脑变得聪明起来,这些程序就叫作电脑软件。
同学们,有谁知道除了刚才我们认识的台式电脑外,还有别的样式的电脑吗？对,还有笔记本电脑、平板电脑等,而且在未来还会出现功能更强大、携带更方便的电脑。</td></tr>
<tr><td>结束语（衔接语，100字左右）</td><td colspan="4">同学们,听了老师的介绍,你们想不想跟电脑做朋友,见识一下它的强大本领呢？噢,大家都等不及了呢！接下来,我们就一起来学习如何使用它吧。</td></tr>
</table>

2. 怎样插入艺术字

<table>
<tr><td>解说题目</td><td colspan="2">怎样插入艺术字</td><td>解说对象</td><td>四年级小学生</td></tr>
<tr><td rowspan="3">解说语境</td><td>小学学科</td><td>计算机技术</td><td>教材版本及册数</td><td>泰山版四年级上册</td></tr>
<tr><td>教学课题</td><td colspan="3">艺术字体扮漂亮</td></tr>
<tr><td>教学环节</td><td colspan="3">讲授新知</td></tr>
<tr><td rowspan="2">解说目的</td><td>目的 1</td><td colspan="3">让学生掌握如何插入艺术字</td></tr>
<tr><td>目的 2</td><td colspan="3">让学生感受准确而精彩的艺术字魅力并潜移默化地提高学生使用艺术字能力</td></tr>
<tr><td>辅助手段或教具</td><td colspan="4">PPT、贺卡</td></tr>
<tr><td>导入语（衔接语，100 字左右）</td><td colspan="4">同学们，这是老师制作的一张生日贺卡。大家看，这张贺卡与平常见的贺卡有什么不一样呢？是不是“生日快乐”这四个字不论是形状还是颜色都很好看呢？这种字体就是艺术字。接下来，我们就来学习如何插入艺术字吧。</td></tr>
<tr><td>解说内容主体（不少于 3 段，不多于 5 段，500 字左右）</td><td colspan="4">同学们，插入好看的艺术字需要完成以下步骤，请大家在电脑上观看老师的操作步骤：
第一步，打开需要插入艺术字体的 word 文档，然后点击文档中需要插入艺术字的位置，当该位置显示鼠标光标之后（光标为一闪一闪的），我们点击工具栏左上角中的“插入”。
第二步，在“插入”的下拉菜单中找到“图片”，再找到“艺术字”这三个字，接着用鼠标点击它。
第三步，选择我们喜欢的艺术字样式。这里有很多种类，同学们可以根据文字的需求或者个人的喜好选择样式。点击所选的样式，再点击“确定”。
第四步，在艺术字的设置窗口，输入“生日快乐”几个字，并在菜单栏设置自己喜欢的字体字号、颜色等。老师在这里设置的是：红色、宋体、36 号字。
第五步，全部设置好后，我们点击“确定”。这时，Word 文档中刚才我们输入的“生日快乐”就变成漂亮的艺术字了。如果我们对艺术字的样式不喜欢，可用鼠标左击刚生成的艺术字，然后在最上方工具栏中的艺术字样式中进行更换。</td></tr>
<tr><td>结束语（衔接语，100 字左右）</td><td colspan="4">同学们，刚才老师的示范操作都看明白了吗？请大家打开 word 文档，制作一个带有艺术字的生日贺卡送给你的爸爸妈妈。遇到问题时可以和同学讨论，或者举手示意老师帮忙。大家开始行动吧！</td></tr>
</table>

3. 怎样使用 PPT 制作幻灯片封面

解说题目	怎样使用 PPT 制作幻灯片封面		解说对象	五年级小学生
解说语境	小学学科	信息技术	教材版本及册数	泰山版五年级下册
	教学课题	开场以前报剧目		
	教学环节	自主设计 探索深化		
解说目的	目的 1	让学生掌握用 PowerPoint 设计模板进行封面设计的基本方法		
	目的 2	让学生感受准确而精彩的语言魅力并潜移默化地提高学生的语言表达水平		
辅助手段或教具	《白雪公主》报幕信息、PPT			
导入语（衔接语，100 字左右）	同学们，一个契合主题的封面就像一张美好的脸，往往能给人留下好印象。什么样的封面设计才可以算得上是美丽出众又实用呢？刚才大家以《白雪公主》的幕布设计为例，小组讨论汇报了大家的方法。现在老师结合 PowerPoint 的强大功能和大家分享一下。			
解说内容主体（不少于 3 段，500 字左右）	首先，巧用模板变体。我们的模版会变身哦。大家注意看，我要让《白雪公主》的幕布变身喽！看，它的幕布变成了蓝色，与白雪公主的红裙子很配。看，幕布字体变了！多么神奇呀！这些变化是如何实现的呢？细心的同学在老师操作的时候看到了，它就藏在功能区的“设计”中，与模板主题相邻的就是模板变体这个小魔术家了。单击“变体”右侧的下拉菜单，看，里面就是变体的几个小魔法了。看，它们分别是“颜色”“字体”“效果”和“背景样式”。好，现在我们就用“变体”魔法让“白雪公主”的幕布变身吧！选择“设计—变体—颜色—蓝色”，幕布变成了蓝色调，如果你喜欢其他色调，可以在里面选择你觉得适合的。接下来，我们选“变体—字体—微软雅黑”，此时我们的主、副标题的字体就都变成了微软雅黑的字体了。选择“背景样式—样式 10”，我们看，它的四周就都变成灰色了。大家会发现，我们选择的模板不同，背景样式也不一样，这与我们选择的模板有关。 无论我们选择什么样的变体，我们的最终目标是使它与我们的设计主题——“白雪公主”相符合。同时，版面布局也要合理。大家看，把“白雪公主”的主副标题的位置调整一下，把“白雪公主”几个字居中偏上，“演员、编剧”左对齐居中。主副标题的安排可以让它更有层次感，字体、颜色、大小也加以区分，根据需要，文字也可以竖排。我们再把插图变小一点，向左移动，以不遮挡字幕、不喧宾夺主为宜。看，这样的幕布是不是更出众了？ 大家请看，这些幕布都是设计师们根据不同节目的特点设计的，它们都具有共同的特点，那就是封面设计要符合主题，版面布局要合理，字体、颜色、大小、位置要恰当。			
结束语（衔接语，100 字左右）	老师知道，大家都是信息技术小能手。那么现在任务来了，在 PPT 上有四个任务包，请四个小组长分别选择一个任务包，然后以小组为单位，为你们抽取的节目制作出众的幕布吧！			

4. 怎样在 PPT 中插入新幻灯片

<table>
<tr><td>解说题目</td><td colspan="2">怎样在 PPT 中插入新幻灯片</td><td>解说对象</td><td>五年级小学生</td></tr>
<tr><td rowspan="3">解说语境</td><td>小学学科</td><td>信息技术</td><td>教材版本及册数</td><td>泰山版五年级下册</td></tr>
<tr><td>教学课题</td><td colspan="3">主演人物出场了</td></tr>
<tr><td>教学环节</td><td colspan="3">探究学习</td></tr>
<tr><td rowspan="2">解说目的</td><td>目的 1</td><td colspan="3">让学生学会插入新幻灯片，在幻灯片中添加文字、图片、音乐</td></tr>
<tr><td>目的 2</td><td colspan="3">让学生感受准确而精彩的语言魅力并潜移默化地提高学生的语言表达水平</td></tr>
<tr><td>辅助手段或教具</td><td colspan="4">图片、PPT</td></tr>
<tr><td>导入语（衔接语，100 字左右）</td><td colspan="4">同学们，童话剧《白雪公主》的大幕徐徐拉开，主要人物白雪公主和王后登场了，童话的舞台背景做得多精致漂亮啊！同学们想不想跟老师一起做一张呢？</td></tr>
<tr><td>解说内容主体（不少于 3 段，500 字左右）</td><td colspan="4">制作之前，我们首先要清楚需要哪些素材。在刚才看到的第一幕中，白雪公主迈着轻盈的舞步，伴着音乐《雨的印记》出场，她把美丽的鲜花插到花瓶里。这时，王后伴着《命运交响乐》出场了，白雪公主看见王后就慌张地跑开了，王后则走到她寝宫里的那面魔镜前。在这一幕中，场景发生了两次变化，依次是皇宫的大厅和王后的寝宫。因此需要两张背景图片、两段背景音乐以及文字“从前”俩字。
接下来，我们就可以制作新场景的幻灯片了。我们先来制作第一个场景。该怎样插入新幻灯片呢？通过前面的学习我们知道，PPT 页面就像一张白纸，里面的内容全是插入进去的，插入新幻灯片也不例外。首先打开上节课我们制作的《白雪公主》PPT。点击菜单栏“插入—新建幻灯片”，单击新建幻灯片这一处的向下箭头，在这里可以选择不同的版式插入。我们的幻灯片里只有“从前”两个字，所以选择“仅标题”。这样就插入了一张新幻灯片。看，它已经在预览区里了。
下面需要插入一张皇宫的背景图、文字。单击“插入—图片—来自文件”，在“白雪公主”这个文件夹里选择所需图片，单击“插入”。然后再拖动图片四周的小方框使它拉伸至满屏。再在文本框中输入“从前”二字，字号 30，字体微软雅黑，居中。</td></tr>
<tr><td>结束语（衔接语，100 字左右）</td><td colspan="4">同学们，通过“插入”功能，我们的第一个场景的幻灯片就做好了，单击“保存”。接下来请信息技术小能手们根据所学，制作第二个场景。做完后思考，如何把两个场景所需的音乐插入其中呢？</td></tr>
</table>

5. 怎样给 PPT 添加音乐效果

<table>
<tr><td>解说题目</td><td colspan="2">怎样给 PPT 添加音乐效果</td><td>解说对象</td><td>五年级小学生</td></tr>
<tr><td rowspan="3">解说语境</td><td>小学学科</td><td>信息技术</td><td>教材版本及册数</td><td>泰山版五年级下册</td></tr>
<tr><td>教学课题</td><td colspan="3">主演人物出场了</td></tr>
<tr><td>教学环节</td><td colspan="3">讲授新知</td></tr>
<tr><td rowspan="2">解说目的</td><td>目的 1</td><td colspan="3">让学生掌握如何在 PPT 中添加音乐效果</td></tr>
<tr><td>目的 2</td><td colspan="3">让学生感受准确而精彩的语言魅力并潜移默化地提高学生的语言表达水平</td></tr>
<tr><td>辅助手段或教具</td><td colspan="4">音乐、PPT</td></tr>
<tr><td>导入语（衔接语，100 字左右）</td><td colspan="4">同学们，大家都参加过诗朗诵吗？大屏幕上播放着美丽的图片，耳边是优美的音乐，再加上富有感情的朗诵，效果就非常棒了。这一张张翻动着的唯美图片，用老师刚才教给大家的 Powerpoint 软件就可以做出来，背景音乐也没有那么神秘，用 Powerpoint 软件也可以加进去。接下来，我们就来学习如何在 PPT 中添加音乐效果吧。</td></tr>
<tr><td>解说内容主体（不少于 3 段，不多于 5 段，500 字左右）</td><td colspan="4">首先，我们需要在网上找一段时间与节奏都符合朗诵的音乐，音乐时间可以比朗诵的时间长点，下载下来后放在电脑桌面上，接下来就可以大展身手了。
我们应该如何把音乐加进 PPT 呢，请大家观看老师的示范操作。首先，打开 Powerpoint 软件，这里我打开的是朗诵《我爱祖国》的 PPT。第一步，我们从菜单栏找到“插入”的小格子，点鼠标左键，然后在下拉菜单中选择“影片和声音”，左击“文件中的声音”。第二步，此时出现的对话框就是用来选择音乐的，找到音乐所在的文件夹，单击插入音乐，我们就选择桌面上的音乐伴奏《我爱你，中国》，点击“确定”。
第三步，点击右下角“插入”这两个字，在第一张图片中会出现一个金色的小喇叭形状，这表示音乐已经插进来了。跳出的对话框中出现“你希望在幻灯片放映时如何开始播放音乐?”我们可以自主选择“自动”或“在单击时”，单击即可完成。在这里老师选择“自动”。
第四步，来设置一下音乐的格式，让音乐自动播放一直到最后不用人工去控制。我们用鼠标右击小喇叭，选择“编辑声音对象”并单击，在写着“循环播放，直到停止”前的这个小格子前打钩。此处还可以调节播放音乐的音量，点击确定。
保存之后，当我们再次打开 Powerpoint 时，音乐就可以随着精美的图片一起播放了。添加上音乐效果的图片与你的朗诵更配哦。</td></tr>
<tr><td>结束语（衔接语，100 字左右）</td><td colspan="4">同学们学会在 PPT 中插入音乐了吗？接下来，就请大家打开眼前的电脑，自己制作一个 PPT 并插入你喜欢的音乐吧。</td></tr>
</table>

（五）小学音乐知识解说稿 5 篇

1. 认识小提琴

<table>
<tr><td>解说题目</td><td colspan="2">认识小提琴</td><td>解说对象</td><td>三年级学生</td></tr>
<tr><td rowspan="3">解说语境</td><td>小学学科</td><td>音乐</td><td>教材版本及册数</td><td>苏教版三年级下册</td></tr>
<tr><td>教学课题</td><td colspan="3">认识西洋乐器</td></tr>
<tr><td>教学环节</td><td colspan="3">讲解分析</td></tr>
<tr><td rowspan="2">解说目的</td><td>目的 1</td><td colspan="3">让学生了解小提琴在乐器中的地位及其构造</td></tr>
<tr><td>目的 2</td><td colspan="3">让学生感受准确而精彩的语言魅力并潜移默化地提高学生的语言表达水平</td></tr>
<tr><td>辅助手段或教具</td><td colspan="4">PPT</td></tr>
<tr><td>导入语（衔接语，100 字左右）</td><td colspan="4">（播放音乐）同学们，谁能告诉老师这首曲子的名字是什么？对，很多同学都听出来了，是《梁祝》。讲的是梁山伯和祝英台的故事。那有谁知道这首曲子是用什么乐器演奏的呀？没错，是小提琴。接下来，就请大家跟老师一起了解一下小提琴吧。</td></tr>
<tr><td>解说内容主体（不少于 3 段，不多于 5 段，500 字左右）</td><td colspan="4">小提琴广泛流传于世界各国，在乐器中有着非常重要的地位。小提琴音色优美，又极具艺术表现力，从它诞生那天起，就一直深受人们的喜爱。它既可以合奏，又可以进行独奏，既是现代交响乐队的支柱，也是具有高难度演奏技巧的独奏乐器，与钢琴、古典吉他并称为“世界三大乐器”。如果说钢琴是“乐器之王”，那么小提琴就是乐器中的“王后”了。
几个世纪以来，世界各国的著名作曲家谱写了大量的小提琴经典作品，小提琴演奏家在小提琴这种乐器上展现了精湛的演奏艺术。比如刚才大家听到的这首《梁祝》，还有德国小提琴家德尔德拉的《纪念曲》、德国小提琴家维尔海姆的《圣母颂》等，都是闻名全世界的经典作品。
小提琴由 30 多个零件组成，主要的构件有琴头、琴身、琴颈、弦轴、琴弦、琴马、腮托、琴弓、面板、侧板、音柱等。小提琴有四根弦，从细到粗分别是 E 弦、A 弦、D 弦、G 弦。每一根空弦之间相差的音程都是纯五度，音高是固定的，每根弦都能在不同的把位上奏出完整的音列。
从琴弦音色上来讲，不同弦上的同一音高的音，它的音质和音色也不完全相同。一般来说，第一弦的音色是明朗的、清悦的；第二弦的音色是柔和的、优雅的；第三弦的音色如歌，并稍有紧张感；第四弦的音色是深沉的、宽厚的。虽然它只有四根弦，但综合在一起，就可以演奏出悠扬、悦耳动听的音乐来。</td></tr>
<tr><td>结束语（衔接语，100 字左右）</td><td colspan="4">好了，同学们，听完老师的讲解，想必大家对小提琴有了一定的了解。那接下来，我们就一起闭上眼睛，欣赏这首欢快的《匈牙利狂欢节》，感受小提琴给我们带来的艺术享受吧。</td></tr>
</table>

2. 什么是管弦乐

<table>
<tr><td>解说题目</td><td colspan="2">什么是管弦乐</td><td>解说对象</td><td>四年级学生</td></tr>
<tr><td rowspan="3">解说语境</td><td>小学学科</td><td>音乐</td><td>教材版本及册数</td><td>湘教版四年级下册</td></tr>
<tr><td>教学课题</td><td colspan="3">欣赏管弦乐</td></tr>
<tr><td>教学环节</td><td colspan="3">讲解分析</td></tr>
<tr><td rowspan="2">解说目的</td><td>目的 1</td><td colspan="3">让学生了解管弦乐的历史和乐队构成</td></tr>
<tr><td>目的 2</td><td colspan="3">让学生感受准确而精彩的语言魅力并潜移默化地提高学生的语言表达水平</td></tr>
<tr><td>辅助手段或教具</td><td colspan="4">PPT</td></tr>
<tr><td>导入语（衔接语，100 字左右）</td><td colspan="4">同学们，大家刚才听到的是由维也纳爱乐管弦乐团演奏的世界名曲《蓝色多瑙河圆舞曲》。这首曲子充满活力、优美动听，让人沉浸其中。大家注意到里面用于演奏的乐器有哪些吗？有小提琴、大提琴、单簧管、定音鼓等。这些乐器，都属于管弦乐器。接下来，我们就一起了解一下管弦乐吧。</td></tr>
<tr><td>解说内容主体（不少于 3 段，不多于 5 段，500 字左右）</td><td colspan="4">管弦乐是随着 16、17 世纪声乐与器乐的发展而逐渐形成的。到了18 世纪后，海顿、莫扎特、贝多芬等世界著名音乐家都为管弦乐的发展做出了巨大贡献。19 世纪到 20 世纪，管弦乐发展到鼎盛时期，一大批优秀作曲家与优秀作品相继出现，我们现在能欣赏到的管弦乐曲大都是在这段时间写成的。
管弦乐通常以管弦乐套曲的形式来表演，管弦乐套曲通常含三至四个乐章。由于各个乐章表达的音乐情感不同，所以整个管弦乐音乐作品要比其他形式的重奏曲、小夜曲、奏鸣曲等更能显出强烈的音乐效果，大家刚听到的这首《蓝色多瑙河圆舞曲》就是其中的代表作。
介绍完了管弦乐的历史和表演形式，我们再来说一下演奏管弦乐的管弦乐队。管弦乐队经常用以演奏不同风格和体裁的交响音乐作品，也被称为交响乐队。它一般由四个器乐组构成：
一是弦乐组，包括小提琴、中提琴、大提琴、低音提琴和由手指拨或弹出声音的“拨弦乐器”，如竖琴、管风琴、钢琴等。
二是木管组，包括短笛、横笛、单簧管、双簧管等。
三是铜管组，包括短号、小号、法国号、长号、大号等。
四是打击组，包括定音鼓、低音鼓、小鼓、锣、木琴、钟琴、钢片琴、响板、架子鼓等。
大家是不是觉得乐器种类繁多呢？也正是有了这么多种乐器，才能演奏出那么多悦耳动听的乐曲。</td></tr>
<tr><td>结束语（衔接语，100 字左右）</td><td colspan="4">同学们，通过老师刚才的介绍，大家都已经了解了管弦乐和管弦乐队了吧？那接下来，就让我们再次聆听这首《蓝色多瑙河圆舞曲》，一起感受多瑙河畔人们的欢乐生活吧。</td></tr>
</table>

3. 了解京剧

解说题目	了解京剧		解说对象	小学生
解说语境	小学学科	音乐	教材版本及册数	湘教版五年级下册
	教学课题	中国京剧		
	教学环节	讲解分析		
解说目的	目的1	让学生对京剧有一个基本了解,引导学生关注京剧艺术,激发学生的民族自豪感		
	目的2	让学生感受准确而精彩的语言魅力并潜移默化地提高学生的语言表达水平		
辅助手段或教具	PPT			
导入语（衔接语,100字左右）	刚才大家听到的这首歌叫《说唱脸谱》。歌词内容就是关于我们的国粹——京剧的。随着文化的传播与交流,京剧艺术已被越来越多的人所熟悉和喜爱,那么作为中国人,我们对京剧这一国粹的了解有多少呢?			
解说内容主体（不少于3段,不多于5段,500字左右）	京剧是中国的国粹,因形成于北京而得名，但它的源头还要追溯到几种古老的地方戏剧。1790年,安徽的四大地方戏班:三庆班、四喜班、春公班和春班先后进京献艺,获得空前成功。徽班常与来自湖北的汉调艺人合作演出。于是,一种以徽调“二簧”和汉调“西皮”为主,兼收昆曲、秦腔、梆子等地方戏精华的新剧种诞生了,这就是京剧。 歌词里提到的“生、旦、净、丑”是什么呢？其实这是京剧的角色分类。“生”是男性正面角色,“旦”是女性正面角色,“净”是性格鲜明的男性配角,“丑”是幽默滑稽的角色或反面角色。 每种角色又有表明身份的脸谱、扮相等,只要演员一上场,你一看就知道了。在《说唱脸谱》歌词中也都有表现。如“红脸的关公战长沙”,红脸含有褒义，代表忠勇者;“黑脸的张飞叫喳喳”,黑脸为中性,代表勇猛者;“蓝脸的窦尔顿盗御马”中,蓝脸为中性,代表草莽英雄;“黄脸的典韦,白脸的曹操”中,黄脸和白脸含贬义,代表凶诈者。金脸和银脸含有神秘之感,代表神妖。人物有忠奸之分、美丑之分、善恶之分,各个形象鲜明、栩栩如生,让人目不暇接。 京剧还是一种综合性表演艺术。集唱(歌唱)、念(念白)、做(表演)、打(武打)、舞(舞蹈)为一体,通过虚实结合的表演手段叙演故事,刻画人物,表达“喜、怒、哀、乐、惊、恐、悲”等复杂的思想感情,给了我们视觉、听觉上的享受。			
结束语（衔接语,100字左右）	京剧不仅供人欣赏、娱乐,而且寓教于乐,它是民族文化的积淀。我们可以从自身做起,积极学习京剧、传播京剧,让京剧更具生命力!			

4. 了解歌剧

<table>
<tr><td>解说题目</td><td colspan="2">了解歌剧</td><td>解说对象</td><td>四年级学生</td></tr>
<tr><td rowspan="3">解说语境</td><td>小学学科</td><td>音乐</td><td>教材版本及册数</td><td>人音版四年级下册</td></tr>
<tr><td>教学课题</td><td colspan="3">歌剧世界</td></tr>
<tr><td>教学环节</td><td colspan="3">讲解分析</td></tr>
<tr><td rowspan="2">解说目的</td><td>目的 1</td><td colspan="3">让学生了解西方歌剧的历史、特点以及中国歌剧的发展历程，感受歌剧魅力</td></tr>
<tr><td>目的 2</td><td colspan="3">让学生感受准确而精彩的语言魅力并潜移默化地提高学生的语言表达水平</td></tr>
<tr><td>辅助手段或教具</td><td colspan="4">PPT</td></tr>
<tr><td>导入语（衔接语，100 字左右）</td><td colspan="4">同学们，大家刚才欣赏的就是世界著名的意大利歌剧《图兰朵》。我们虽然听不懂演员们唱的是什么，但是从他们歌唱的动作、神情中完全可以感受到超越语言的艺术享受。接下来，就请大家跟着老师一起走进恢宏的歌剧艺术殿堂吧。</td></tr>
<tr><td>解说内容主体（不少于 3 段，不多于 5 段，500 字左右）</td><td colspan="4">歌剧是一门西方舞台表演艺术，最早出现在 400 多年前的意大利，然后迅速传播到欧洲各国，并逐渐发展成现在的德语歌剧、法语歌剧、英语歌剧、俄语歌剧等其他语种的歌剧种类。
歌剧是以歌唱和音乐来叙述剧情的戏剧，所以它的演出和戏剧一样，都要凭借背景、道具、戏服以及表演等。但是歌剧又融合了音乐、诗歌、舞蹈、美术等艺术门类，而且是以美声唱法来歌唱，有时也用说白和朗诵，这跟我们了解的传统戏剧有着很大的不同。所以，我们可以这样来理解，歌剧是一种特殊的戏剧。
除了歌唱形式不同外，歌剧跟我们传统戏剧的不同还表现在：歌手和合唱团常有一队西洋乐器演奏家负责伴奏，有的歌剧只需要一个小乐队，有的则需要一支完整的管弦乐团。而且有些歌剧会穿插舞蹈表演，甚至还有芭蕾舞表演，这在我们刚才欣赏的《图兰朵》中就有很明显的表现。
歌剧从欧洲传入中国，是在 100 多年前。它很快在中国生根、开花、结果，并跟我们的传统戏剧进行了融合，形成了“新歌剧”。从此也产生了很多更适合我们中国人欣赏的经典作品，如《白毛女》《洪湖赤卫队》《江姐》《红色娘子军》等。现在，这一艺术形式还在不断地完善、进化，融合更多的中国传统文化因素，以更惊艳的姿态绽放于世界艺术的百花园。</td></tr>
<tr><td>结束语（衔接语，100 字左右）</td><td colspan="4">同学们，听完老师的讲解后，大家是不是对歌剧有了一定的了解了呢？我们后面还会分析很多歌剧的经典作品，让大家更透彻地了解它。</td></tr>
</table>

5. 音乐家华彦钧简介

<table>
<tr><td>解说题目</td><td colspan="2">音乐家华彦钧简介</td><td>解说对象</td><td>四年级学生</td></tr>
<tr><td rowspan="3">解说语境</td><td>小学学科</td><td>音乐</td><td>教材版本及册数</td><td>苏教版四年级上册</td></tr>
<tr><td>教学课题</td><td colspan="3">欣赏《二泉映月》</td></tr>
<tr><td>教学环节</td><td colspan="3">讲解分析</td></tr>
<tr><td rowspan="2">解说目的</td><td>目的 1</td><td colspan="3">让学生了解音乐家华彦钧悲惨凄苦却充满抗争的人生道路</td></tr>
<tr><td>目的 2</td><td colspan="3">让学生感受准确而精彩的语言魅力并潜移默化地提高学生的语言表达水平</td></tr>
<tr><td>辅助手段或教具</td><td colspan="4">PPT</td></tr>
<tr><td>导入语（衔接语，100 字左右）</td><td colspan="4">同学们，大家刚才欣赏的这首二胡曲子是著名盲人音乐家阿炳创作的《二泉映月》。我们在听的时候有种什么样的感觉呢？是不是觉得很悲伤？接下来，就请同学们跟着老师一起走近阿炳，走近他艰难困苦的一生吧。</td></tr>
<tr><td>解说内容主体（不少于 3 段，不多于 5 段，500 字左右）</td><td colspan="4">每当老师听到这首曲子的时候，眼前总会浮现出这样一幅画面：在烟雨蒙蒙的江南水乡，有一个头戴破毡帽、身穿灰布长袍、戴着黑色眼镜的盲人坐在河边拉着二胡卖艺，凄凉的二胡声吸引了过往的行人，却没几个人往他身前的碗里放钱。这个拉二胡的卖艺人就是阿炳。
阿炳的真实姓名是华彦钧，1894 年出生在江苏无锡。在他 4 岁的时候母亲去世，于是他从小住在婶婶家，却经常受到婶婶家人的歧视和侮辱，这使他幼小的心灵遭受摧残。从 11 岁开始，他就跟热衷于音乐、当道士的父亲学习音乐艺术，练就了非常扎实的基本功。21 岁的时候他的眼睛患病，因为没钱医治，到了 35 岁的时候就双眼失明了。后来他流落街头，靠卖艺维生，直到 57 岁在病困潦倒中去世。这首《二泉映月》就是他在双目失明的情况下创作出来的。
我们很庆幸的是，华彦钧的这首《二泉映月》被录音保存了下来，成为传世的经典作品。1978 年，日本著名指挥家小泽征尔先生到北京音乐学院访问，聆听了这首《二泉映月》。小泽征尔当场掩面而泣，从坐着的椅子上跪了下去。他虔诚地说：“这种音乐应当跪着听，坐着和站着听都是极不恭敬的。”由此可见，音乐是没有国界的，好的音乐就是全世界的音乐。</td></tr>
<tr><td>结束语（衔接语，100 字左右）</td><td colspan="4">同学们，华彦钧，也就是阿炳的故事已经讲完了。虽然他离我们而去，但是他创作的《二泉映月》经久不衰，被人们传诵。双目失明的他坚持创作，我们应该学习他这种面临磨难坚持抗争的精神——坚持不懈，勇往直前。</td></tr>
</table>

(六)小学美术知识解说稿5篇

1. 认识冷暖色

<table>
<tr><td>解说题目</td><td colspan="2">认识冷暖色</td><td>解说对象</td><td>四年级小学生</td></tr>
<tr><td rowspan="3">解说语境</td><td>小学学科</td><td>美术</td><td>教材版本及册数</td><td>苏教版四年级上册</td></tr>
<tr><td>教学课题</td><td colspan="3">色彩的冷暖</td></tr>
<tr><td>教学环节</td><td colspan="3">讲授分析</td></tr>
<tr><td rowspan="2">解说目的</td><td>目的1</td><td colspan="3">引导学生认识并能区别冷暖色,掌握冷暖色的作用效果</td></tr>
<tr><td>目的2</td><td colspan="3">让学生感受准确而精彩的语言魅力并潜移默化地提高学生的语言表达水平</td></tr>
<tr><td>辅助手段或教具</td><td colspan="4">颜色对比图</td></tr>
<tr><td>导入语(衔接语,100字左右)</td><td colspan="4">同学们,刚才我们学习了三原色和三间色。知道了原色和间色的关系,同学们也学会了用原色调间色。那接下来我们就来进一步认识两个新朋友,它们就是冷色和暖色。</td></tr>
<tr><td>解说内容主体(不少于3段,不多于5段,500字左右)</td><td colspan="4">首先,请大家告诉老师,当你看到红色、橙色、黄色的时候会联想到什么?很多同学说是火焰、太阳、温暖。像这种能带给我们热烈、兴奋、高兴的感觉的颜色,我们便称之为暖色。像蓝色、绿色、青色等颜色,给我们寒冷、沉静的感觉,我们便把这一系列的色彩称为冷色。
但是,大家知道吗?色彩中的冷暖感觉是相对的,除了红色与蓝色是色彩冷暖的两个极端外,其他许多色彩的冷暖感觉都是相对存在的。大家看屏幕上的这张冷暖色对比图。其中,紫色中的红紫色给人的感觉是怎样的呢?对,比较暖。那蓝紫色呢?比较冷。再看第二张图,其中绿色中的草绿色带有暖意,而翠绿色则偏冷。
大家是不是觉得所有的颜色都分冷暖呢?大家再来看第三张图,看到里面的黑色和白色是什么感觉?大家众说纷纭,有说冷色的,有说暖色的。其实黑色和白色既不属于冷色,也不属于暖色。它们是对色彩的最后抽象,代表色彩世界的阴极和阳极,就像太极八卦图。
讲到这里,相信大家对冷色和暖色已经有了一定的认识了吧?请大家再仔细看屏幕上的第四幅图片,这是个“色相环”。请大家根据老师刚才讲的,分析一下哪些是冷色,哪些是暖色吧!</td></tr>
<tr><td>结束语(衔接语,100字左右)</td><td colspan="4">同学们,学会区别冷色和暖色,对我们以后的绘画有着至关重要的作用。大家回家后仔细观察一下家里的家具和装饰品,看哪些是冷色,哪些是暖色吧。</td></tr>
</table>

2. 认识构图

解说题目	认识构图		解说对象	五年级学生
解说语境	小学学科	美术	教材版本及册数	苏教版五年级上册
	教学课题	学学构图		
	教学环节	讲解分析		
解说目的	目的 1	让学生发现和体会优秀作品的构图美，初步认识并掌握多种构图的方法		
	目的 2	让学生感受准确而精彩的语言魅力并潜移默化地提高学生的语言表达水平		
辅助手段或教具	PPT、图画作品			
导入语（衔接语，100 字左右）	同学们，请看老师手中的这两幅画。为什么画的是同样的事物，左边这张画得美观大方，右边这张却画得歪歪斜斜的呢？有的同学说是因为不用心。其实啊，最主要的原因就是有的同学不懂构图。如果大家都能学会构图，就不会出现这种问题了。			
解说内容主体（不少于 3 段，不多于 5 段，500 字左右）	我们先来认识一下什么是构图吧。构图就是把你需要画的东西画在纸上，以达到最好、最美观的效果。讲究构图的图画，画面美观有序；不讲究构图的图画，就会给人凌乱歪斜的感觉。所以，学好构图很重要。 构图有很多种方法，画不同素材的画，就要选择不同的构图方法，那么构图方法都有哪些？我们该如何运用它们呢？让我们一边看大屏幕，一边了解各种构图方法及其运用。 看，这是荷兰著名画家蒙德里安的油画作品《场景二》。画家用线把画面横竖的长度均分为三等份，形成一个“井”字，将画的主体大致安排在四个交点上，它就是“井”字形构图。我们运用“井”字形构图，画面主体在“井”字形线上，就会显得主题突出、画面稳当。 下面，我们来看这幅安格尔的《泉》，这个画面像不像哪一个英文字母？没错，S，它就是“S”形构图。这种构图适合表现动态效果和向远延伸的效果，具有流动性。再来看这幅，画家将画面中的物体放在三个顶点上，这就是三角形构图。这种构图画面稳当，可以使主体突出、层次明确，通常用于画静物。最后这张图画，是德加的作品《舞台上的舞女》，用的是斜线构图，给人的直观感受是不稳定。 现在，我们再返回来看刚才给同学们看的这两幅画。左边的这幅用的是什么构图方法呢？没错，是“井”字形构图，整个画面的主要内容都在“井”字形线上，所以整个画面显得很稳当，主体内容也很突出。			
结束语（衔接语，100 字左右）	接下来，就请同学们拿出上次老师让大家完成的画，重新构图，再画一次吧。看大家能不能把学到的构图知识运用其中呢？			

3. 认识年画

解说题目	认识年画		解说对象	五年级小学生
解说语境	小学学科	美术	教材版本及册数	江西版五年级上册
	教学课题	年画		
	教学环节	讲解分析		
解说目的	目的1	让学生了解年画作品表现的题材内容以及其中蕴含的传统文化习俗		
	目的2	让学生感受准确而精彩的语言魅力并潜移默化地提高学生的语言表达水平		
辅助手段或教具	PPT			
导入语（衔接语，100字左右）	同学们，年画的来历老师已经讲完了，相信大家对年画也有了一定的了解。接下来，就让我们继续走近年画，走近这快要失传的民间传统文化吧。			
解说内容主体（不少于3段，不多于5段，500字左右）	大家看屏幕上的这些线条单纯、色彩鲜明的年画，内容题材都不一样。那同学们知道年画都有哪些题材内容吗？ 年画的题材包罗万象，总计画样有两千多种，堪称一部民间生活百科全书。大致上可以分为四个类别：大家看到的这几张就是第一类，也是数量最多的一类，是神仙与吉祥物。神仙是早期年画的主要表现内容，它在年画中占有很大的比重。吉祥物包括狮、虎、鹿、鹤、凤凰等瑞兽祥禽，莲花、牡丹等花卉，摇钱树、聚宝盆等虚构品，表示吉利祥瑞的意义。屏幕上左边的这两幅是神仙，一位是财神，一位是寿星，有多财多寿的寓意；右边的这两幅分别是仙鹤和凤凰，表达了长寿和吉祥的意思。 第二类是生活类。这类题材在年画中的占比小于其他题材，主要包括人们的生息劳作、节令风俗、时事趣闻等。大家看这幅作品，是民国时期的年画《踢毽子》。我们看到在红花绿草间，一位穿着花衣、扎着长辫子的小姑娘在踢毽子。她神情欢快、动作优美，体现了劳动人民轻松愉快的幸福生活。 第三类是胖娃娃和美人类。这类题材比较好理解，表达了人们早生贵子、多子多福、夫妻和美的美好愿望。看屏幕上这个光着屁股、梳着朝天辫、骑着大红鲤鱼的胖娃娃，是不是很可爱啊？这幅画叫“鲤鱼送子”，贴在墙上就表示求子的意思。 最后一类是故事传说。常见的有《三国演义》《西游记》《水浒传》《红楼梦》《白蛇传》《牛郎织女》等。人们往往通过这类题材增长知识，接受传统的道德教育。这张画的内容是“桃园三结义”，告诉人们要忠义、守信；这幅画是“鹊桥会”，赞美了青年男女忠贞的爱情。			
结束语（衔接语，100字左右）	通过老师的讲解，相信大家已经都了解了年画的题材了吧？希望大家课后能查找一下不同题材的年画素材，在下节课向大家展示其中包含的传统文化。			

4. 怎样画梅花

<table>
<tr><td>解说题目</td><td colspan="2">怎样画梅花</td><td>解说对象</td><td>五年级小学生</td></tr>
<tr><td rowspan="3">解说语境</td><td>小学学科</td><td>美术</td><td>教材版本及册数</td><td>人教版五年级上册</td></tr>
<tr><td>教学课题</td><td colspan="3">怎样画梅花</td></tr>
<tr><td>教学环节</td><td colspan="3">教师示范</td></tr>
<tr><td rowspan="2">解说目的</td><td>目的 1</td><td colspan="3">让学生熟悉掌握中国画的笔墨技巧,培养学生对形象特征的观察和表现力</td></tr>
<tr><td>目的 2</td><td colspan="3">让学生感受准确而精彩的语言魅力并潜移默化地提高学生的语言表达水平</td></tr>
<tr><td>辅助手段或教具</td><td colspan="4">PPT、宣纸、毛笔、中国画颜料、铅笔</td></tr>
<tr><td>导入语（衔接语,100 字左右）</td><td colspan="4">同学们,在前面我们学习了中国画的用笔和用墨技巧。现在,请大家看大屏幕,仔细观察这幅《墨梅图》。告诉老师,你们从这里面都看到了什么?能不能想到画家在运笔当中用到了哪些笔墨技巧呢?</td></tr>
<tr><td>解说内容主体（不少于 3 段,不多于 5 段,500 字左右）</td><td colspan="4">这幅作品运用墨色的交融和干、湿、浓、淡、清的笔墨共同构成水墨淋漓的情趣世界。我们已经学过中国画的笔墨技巧,在这种笔墨的变化中同学们体验到无穷的乐趣。今天这节课,我们也来尝试用国画的方法简单表现一枝梅花。
首先,我们调好墨,先画梅花的树干。先从树干转弯处向右下方侧锋运笔,使主干笔触出现飞白,再向右横出,向右上斜出主枝。同学们可以用侧锋随意表现树干的体态。在画时可以留空,在空白处添加梅花。然后,我们调墨,再用干涩的线条表现树干。
画完树干后,我们再来画梅花的树枝。从主枝向前生出新枝。枝条不宜过多、不宜太直,更不宜太粗。分枝也是有粗有细,不要整齐划一,要画出棱角,这样画出的枝干才富有变化、美观大方,更能够表现出梅花的风格。
画完枝干后,就开始点花瓣。我们用中锋变侧锋,渐次点出可呈现浓淡变化,要注意运笔力度。
最后,我们画花蕊。画的时候要注意,正面的花丝要画全,侧面花宜过半,背面花交界下方及花蕾的下方点花萼,这样梅花才会显得更加生动。</td></tr>
<tr><td>结束语（衔接语,100 字左右）</td><td colspan="4">好,这枝梅花画完了。同学们对自己的作品满意吗?现在,大家就自己设计构图,独立地创作一幅墨梅图,看谁画得最生动!</td></tr>
</table>

5. 怎样画蜻蜓

<table>
<tr><td>解说题目</td><td colspan="2">怎样画蜻蜓</td><td>解说对象</td><td>二年级小学生</td></tr>
<tr><td rowspan="3">解说语境</td><td>小学学科</td><td>美术</td><td>教材版本及册数</td><td>人教版二年级上册</td></tr>
<tr><td>教学课题</td><td colspan="3">蜻蜓飞飞</td></tr>
<tr><td>教学环节</td><td colspan="3">教师示范</td></tr>
<tr><td rowspan="2">解说目的</td><td>目的 1</td><td colspan="3">让学生了解蜻蜓的外形特征,并能用流畅的线条画出美丽的蜻蜓</td></tr>
<tr><td>目的 2</td><td colspan="3">让学生感受准确而精彩的语言魅力并潜移默化地提高学生的语言表达水平</td></tr>
<tr><td>辅助手段或教具</td><td colspan="4">大画纸、PPT</td></tr>
<tr><td>导入语(衔接语,100 字左右)</td><td colspan="4">同学们,今天我们来学习画一种常见的小昆虫。它到底是谁呢?先来猜个谜语吧。小飞机,纱翅膀,飞来飞去灭虫忙;低飞雨,高飞晴,气象预报它内行。没错,聪明的同学们都猜到了,是蜻蜓。</td></tr>
<tr><td>解说内容主体(不少于 3 段,不多于 5 段,500 字左右)</td><td colspan="4">接下来,请同学们仔细看大屏幕,告诉老师,你看到的蜻蜓有什么特征呢?
对,它有一双圆圆的大眼睛、两对漂亮的翅膀、长长的尾巴,还有漂亮的花纹。那我们能不能根据同学们发现的特征,画出这只漂亮的蜻蜓呢?
请同学们睁大眼睛,仔细看老师画的步骤。首先,我们在纸上画出两个圆,中间要有一点距离,然后用曲线连接两个圆形中间的位置,这就是蜻蜓的眼睛啦!我们再用另一个大一点的 U 型曲线连接两只眼睛,这就是蜻蜓的身子。注意身子画的不要太长、太细。
然后,我们用两条长线画出蜻蜓的腹部,而尾巴可以画成小爱心的样子。再在身体两侧都画上两个翅膀,翅膀是细长的椭圆形,注意后面的一对翅膀被前面的那对翅膀遮挡了一部分。这样,蜻蜓的外形就画好了。
同学们看,这样的蜻蜓漂亮吗?不漂亮,那我们就装扮一下它吧!
最后,我们再细致地刻画蜻蜓的翅膀、腹部、眼睛等,纹理可添加一些花朵线条,让蜻蜓看起来更漂亮。
眼睛的部分,我们可以在里面画一个小圆圈,用黑色填充起来,注意中间部分不要涂色;尾巴这部分,我们就用一条条粗粗的曲线隔开就行了;翅膀呢,我们就画成枝条状吧,是不是也挺漂亮呢?</td></tr>
<tr><td>结束语(衔接语,100 字左右)</td><td colspan="4">好了,我们画完了漂亮的蜻蜓,接下来就请同学们拿起手中的画笔,根据我们刚才画的步骤,在画纸上画出你喜欢的蜻蜓吧。</td></tr>
</table>

四、学前学科知识解说稿例举

下面提供学前教育中科学和社会两个领域的解说稿数篇，供学前教育专业的师范生练习使用。

（一）学前科学教育知识解说稿 5 篇

1. 认识青蛙

<table>
<tr><td>解说题目</td><td colspan="2">认识青蛙</td><td>解说对象</td><td>小班幼儿</td></tr>
<tr><td rowspan="3">解说语境</td><td>活动领域</td><td>科学</td><td>教材版本及册数</td><td>山东省幼儿园课程指导 小班·上</td></tr>
<tr><td>活动课题</td><td colspan="3">小青蛙捉害虫</td></tr>
<tr><td>活动环节</td><td colspan="3">展开部分</td></tr>
<tr><td rowspan="2">解说目的</td><td>目的 1</td><td colspan="3">让幼儿认识青蛙的生长过程和生活习性，懂得保护青蛙的道理</td></tr>
<tr><td>目的 2</td><td colspan="3">让幼儿感受准确而精彩的语言魅力并潜移默化地提高幼儿的语言表达水平</td></tr>
<tr><td>辅助手段或教具</td><td colspan="4">PPT</td></tr>
<tr><td>导入语（衔接语，100 字左右）</td><td colspan="4">小朋友们，老师给你们带来一个谜语，大家仔细听：走起路来蹦蹦跳，唱起歌来呱呱叫。若要问它吃什么？专吃害虫保庄稼。小朋友们，你们知道谜底是什么吗？对，就是小青蛙。你们知道小青蛙是由什么变来的吗？它在哪里生活，喜欢吃什么呢？今天老师就和大家一起认识一下小青蛙。</td></tr>
<tr><td>解说内容主体（不少于 3 段，不多于 5 段，400 字左右）</td><td colspan="4">请大家仔细看图片，我们发现青蛙是由小蝌蚪变来的，那小蝌蚪是怎样变成青蛙的呢？原来青蛙妈妈将卵产在水里，卵慢慢孵化，就变成了小蝌蚪。小蝌蚪可爱极了，长得很像一条小鱼，身子黑黑的，脑袋大大的，还有条长长的小尾巴。小蝌蚪一天天长大，长着长着，就先长出来两条后腿；再过几天，又长出了两条前腿；尾巴也慢慢变短了，最后尾巴消失了，就变成了青蛙。
青蛙长什么样子呢？它身上穿着又滑又软的绿衣服，头上有一双圆鼓鼓的大眼睛和一张又宽又大的嘴巴。它长着白白的大肚皮，还有四条强壮有力的腿哪。
青蛙不仅长得可爱，还有很多本领。它既可以生活在水里，也可以生活在地上，它是水陆两栖动物。青蛙是歌唱家，下雨后好多青蛙聚在草丛里“呱呱呱”地唱歌。青蛙是跳跃高手，它跳跃的长度能有七八只青蛙那么长。青蛙还是捉虫能手，虫子飞过时，青蛙身子猛地向上一蹿，舌头一伸，虫子就进它肚里了。
因为青蛙喜欢吃蚊子、苍蝇和田野里的许多害虫，所以它是我们人类的好朋友。</td></tr>
<tr><td>结束语（衔接语，100 字左右）</td><td colspan="4">小朋友们，今天我们一块儿认识了青蛙，知道青蛙是由小蝌蚪变来的，它的样子很可爱，也有好多好多本领，尤其是青蛙能帮助农民伯伯捉害虫。所以，小朋友们要保护小青蛙和它的孩子——小蝌蚪。</td></tr>
</table>

2. 认识菊花

解说题目	认识菊花		解说对象	中班幼儿
解说语境	活动领域	科学	教材版本及册数	山东省幼儿园课程指导 中班·上
	活动课题	美丽的菊花		
	活动环节	展开部分		
解说目的	目的1	让幼儿认识菊花的颜色、特征和用途,懂得爱护菊花的道理		
	目的2	让幼儿感受准确而精彩的语言魅力并潜移默化地提高幼儿的语言表达水平		
辅助手段或教具	PPT			
导入语(衔接语,100字左右)	小朋友们,老师今天给你们带来了一朵美丽的花,你们知道是什么花吗?对,它就是美丽的菊花。今天老师要和大家一起来认识一下菊花。			
解说内容主体(不少于3段,不多于5段,400字左右)	菊花的颜色多种多样,有黄色、白色、红色、紫色、粉色等。 菊花不仅颜色多,花型也是有大有小,大的像个球,小的像一元硬币,非常可爱。菊花花瓣的形状更是多种多样,有的花瓣是椭圆形的,弯弯的就像一个个的小月牙;有的花瓣细细的、卷卷的,就像妈妈烫的卷发;有的花瓣又细又直,就像夜空中燃放的烟花,真是漂亮极了。 小朋友们,你们知道菊花是在什么季节开放吗?它是在秋季开放。秋天来了,天气变冷,很多花都枯萎了。但是菊花却不怕冷,它在秋季盛开,所以人们喜欢在秋天赏菊。当我们看着美丽的菊花时,我们的心情会变得更加美好。 菊花不仅能够观赏,美化我们的环境,它还可以治病。菊花可以帮助我们对抗多种病毒和细菌,对眼睛也有好处。所以,我们可以把菊花做成好吃的菊花糕、好喝的菊花粥和菊花茶来食用。但是,小朋友们要注意哦,菊花虽然很好,却不能多吃多喝,食用多了小肚子会不舒服的。			
结束语(衔接语,100字左右)	小朋友们,现在你们是不是对菊花有了更多的认识了?我们不仅可以用菊花来美化我们的环境,而且食用菊花对我们的身体也有好处,所以我们不能随便采摘菊花,要好好地保护它、爱护它。			

3. 动物尾巴的不同特征和用途

<table>
<tr><td>解说题目</td><td colspan="2">动物尾巴的不同特征与用途</td><td>解说对象</td><td>中班幼儿</td></tr>
<tr><td rowspan="3">解说语境</td><td>活动领域</td><td>科学</td><td>教材版本及册数</td><td>山东省幼儿园课程指导 中班·下</td></tr>
<tr><td>活动课题</td><td colspan="3">动物的尾巴</td></tr>
<tr><td>活动环节</td><td colspan="3">展开部分</td></tr>
<tr><td rowspan="2">解说目的</td><td>目的 1</td><td colspan="3">让幼儿了解小动物尾巴的不同特征和用途，养成保护小动物的好习惯</td></tr>
<tr><td>目的 2</td><td colspan="3">让幼儿感受准确而精彩的语言魅力并潜移默化地提高幼儿的语言表达水平</td></tr>
<tr><td>辅助手段或教具</td><td colspan="4">PPT</td></tr>
<tr><td>导入语（衔接语，100 字左右）</td><td colspan="4">小朋友们，刚才我们已经帮助小动物找到了它们的尾巴，那你知道它们的尾巴有什么作用吗？接下来就请大家跟着老师一起来观察一下吧。</td></tr>
<tr><td>解说内容主体（不少于 3 段，不多于 5 段，400 字左右）</td><td colspan="4">看，小燕子飞过来了。小燕子的尾巴长长的，中间是分开的，像把小剪刀。小燕子飞翔时可以借助尾巴减少阻力，还可以保持身体平衡，灵活转弯，捉虫子时又快又准。
小猴子的尾巴又长又细，能帮助它在树上跳来跳去，钩住树枝，还能获取食物。小松鼠有一条毛茸茸的大尾巴，它的尾巴作用可大了。尾巴张开时，像把降落伞，小松鼠从高处往下跳时可以安全落地；睡觉时，尾巴盖在身上像条被子，可以保暖。
小兔子的尾巴又小又短，但是遇到危险时能够帮助它逃命，当小兔子被敌人咬住尾巴时，它会将尾巴的“皮套”脱下，赶快逃走。小鱼的尾巴很漂亮，像把小扇子，它能够使小鱼在水里游动时保持身体平衡，能够推着小鱼的身体向前游动，并且控制前进的方向。
小朋友们，我们发现每种小动物的尾巴都有不同的作用，有的可以保持身体平衡，有的可以帮助它们获取食物，有的可以在危急时刻保护生命。所以，尾巴对小动物们是非常重要的。</td></tr>
<tr><td>结束语（衔接语，100 字左右）</td><td colspan="4">小朋友们，我们知道了动物的尾巴对它们的重要性，那我们一定要爱护小动物，爱护它们的小尾巴，让小动物们在大自然里自由快乐地生活吧。</td></tr>
</table>

4. 认识彩虹

<table>
<tr><td>解说题目</td><td colspan="2">认识彩虹</td><td>解说对象</td><td>中班幼儿</td></tr>
<tr><td rowspan="3">解说语境</td><td>活动领域</td><td>科学</td><td>教材版本及册数</td><td>山东省幼儿园课程指导 中班·下</td></tr>
<tr><td>活动课题</td><td colspan="3">彩虹真美丽</td></tr>
<tr><td>活动环节</td><td colspan="3">展开部分</td></tr>
<tr><td rowspan="2">解说目的</td><td>目的 1</td><td colspan="3">让幼儿知道彩虹是一种自然现象,是由七种颜色组成的,了解彩虹出现的原因</td></tr>
<tr><td>目的 2</td><td colspan="3">让幼儿感受准确而精彩的语言魅力并潜移默化地提高幼儿的语言表达水平</td></tr>
<tr><td>辅助手段或教具</td><td colspan="4">PPT</td></tr>
<tr><td>导入语（衔接语，100 字左右）</td><td colspan="4">小朋友们,今天老师要考考大家。老师这里有个谜语,看看谁能猜出来。“弯弯一座桥,挂在半天腰,七色排得巧,一会不见了。（打一自然现象）”小朋友们猜出来了吗？对,是彩虹。现在老师要和大家一块儿认识一下彩虹。</td></tr>
<tr><td>解说内容主体（不少于 3 段，不多于 5 段，400 字左右）</td><td colspan="4">彩虹美丽极了,下雨之后,它高高地挂在天上。有人说它像一座弯弯的小桥,有人说它像小朋友们玩的彩色滑梯,也有人说它像一条七彩的丝带。小朋友们,你们知道为什么说彩虹是七彩的丝带吗？因为彩虹是由七种颜色组成的,这七种颜色分别是赤、橙、黄、绿、青、蓝、紫。
彩虹很漂亮,它一般是在下雨之后才会出现,而且要太阳公公在的时候才有。彩虹是怎样出现的呢？老师要先和小朋友们解释一种现象,这种现象叫折射。折射就是光碰到像玻璃一样的透明物体时,它不是直线穿过玻璃,而是发生偏离,像拐了个弯儿。下雨之后,太阳公公出来了,但是天空中还有一些小雨滴,小雨滴就像透明的玻璃,太阳光照到小雨滴时就会发生折射,这时天空就会出现彩虹。所以,彩虹是一种自然现象。
小朋友们,彩虹这么美丽,但是一会儿就不见了,我们能不能自己制作彩虹呢？答案是可以的。我们可以在有太阳光时,找一个喷壶,背对着太阳喷水,这样就能看到彩虹。我们也可以找一个三棱镜,使太阳光照在三棱镜上,慢慢地转动三棱镜,也能出现彩虹。</td></tr>
<tr><td>结束语（衔接语，100 字左右）</td><td colspan="4">小朋友们,今天老师和大家一块儿认识了彩虹,还知道了制作彩虹的方法。放学后跟爸爸妈妈一块儿尝试制作彩虹吧。</td></tr>
</table>

5. 动物过冬的方式

解说题目	动物过冬的方式		解说对象	大班幼儿
解说语境	活动领域	科学	教材版本及册数	山东省幼儿园课程指导 大班·上
	活动课题	冬天里的动物		
	活动环节	结束部分		
解说目的	目的1	让幼儿了解小动物的过冬方式，激发幼儿探索动物生活的兴趣		
	目的2	让幼儿感受准确而精彩的语言魅力并潜移默化地提高幼儿的语言表达水平		
辅助手段或教具	PPT			
导入语（衔接语，100字左右）	小朋友们，冬天快要到了，天气变得越来越冷，森林里的小动物们要准备过冬了。小动物们过冬的方式可真多呀，我们一起去看看吧。			
解说内容主体（不少于3段，不多于5段，400字左右）	有的小动物，它们在冬天快要来的时候，把吃的食物全都藏起来，而且会藏好多好多。到了冬天，它们就一直躲在家里不出来，这种小动物过冬的方式叫作躲藏。喜欢躲藏起来过冬的小动物有蜜蜂、蚂蚁和小松鼠。 有些小动物，它们喜欢暖和的地方。冬天来临的时候，它们就飞到温暖的南方，从一个地方搬到另一地方，这种过冬的方式叫作迁徙。很多小鸟喜欢迁徙，比如小燕子、大雁，它们都喜欢飞到南方过冬。 有的动物过冬的方式非常特别，它们到了冬天就开始睡觉，不吃饭、不喝水，一直睡到春天才醒来，这种过冬的方式叫作冬眠。喜欢冬眠的动物有青蛙、蛇和大狗熊。还有些动物，它们在快要到冬天的时候，就开始掉毛，等到冬天来的时候，又会长出又密又长的新毛，就像换了一件新棉袄一样，暖和极了，这种动物过冬的方式叫作换毛。换毛过冬的小动物有狮子、小狗和兔子。 老师还知道一种小动物，它们在秋天产卵，让卵在树枝上、草丛里、泥土里度过冬天。卵的外面有一层保护膜保护着，所以卵不怕寒冷。等到春天来临时，它们的幼虫就会从卵里爬出来，快乐地到处去玩了。让卵过冬的小动物有蝗虫和蝴蝶。 小动物们过冬的方式多种多样，有的喜欢储存粮食，有的喜欢迁徙，有的喜欢冬眠，有的喜欢换毛，还有的让卵过冬。总之，它们会选择不同的方式度过寒冷的冬天。			
结束语（衔接语，100字左右）	小朋友们，现在你们应该知道小动物是怎么过冬了吧？冬天快要到了，小动物们要过冬了，小朋友们也要保护好自己，健健康康地度过寒冷的冬天。			

(二)学前社会教育知识解说稿5篇

1. 怎样向别人借玩具

<table>
<tr><td>解说题目</td><td colspan="2">怎样向别人借玩具</td><td>解说对象</td><td>小班幼儿</td></tr>
<tr><td rowspan="3">解说语境</td><td>活动领域</td><td>社会</td><td>教材版本及册数</td><td>山东省幼儿园课程指导 小班·上</td></tr>
<tr><td>活动课题</td><td colspan="3">借玩具</td></tr>
<tr><td>活动环节</td><td colspan="3">结束部分</td></tr>
<tr><td rowspan="2">解说目的</td><td>目的1</td><td colspan="3">让幼儿学会向别人借玩具的方法,做懂礼貌的好孩子</td></tr>
<tr><td>目的2</td><td colspan="3">让幼儿感受准确而精彩的语言魅力并潜移默化地提高幼儿的语言表达水平</td></tr>
<tr><td>辅助手段或教具</td><td colspan="4">PPT</td></tr>
<tr><td>导入语(衔接语,100字左右)</td><td colspan="4">小朋友们,当我们向别人借东西时,应该怎么说呢?今天呀,小兔子也碰到了这个问题,那我们一起来看看她是怎么做的吧!</td></tr>
<tr><td>解说内容主体(不少于3段,不多于5段,400字左右)</td><td colspan="4">小兔子看到小猴子带来了一个新玩具——遥控小汽车,小兔子非常想玩,于是小兔子对小猴子说:“小猴子,请你把玩具借我玩玩好吗?谢谢你!”当我们向别人借玩具时,要对他说有礼貌的话,比如“请”“谢谢”等,这样别人可能就会乐意把玩具借给我们。
可是小猴子说:“不行,这是新的,我还没玩够呢,给你了,我就没有了。”遇到这种情况,小兔子想了想,又跟小猴子说道:“小猴子,我和你一起玩遥控车好吗?”大家看,当别人不愿意把新玩具借给你时,你可以想出和他一起玩的方法,这样大家都很开心。
但是小猴子还是不愿意,它说:“不行,遥控器只有一个,给你玩了,我就没法玩了。”遇到这种情况,小兔子该怎么办呢?这时小兔子拿起了一个玩具,走到小猴子跟前说:“小猴子,请问我可以和你交换玩具玩吗?”小朋友们,当别人不愿意和你一起玩玩具时,你可以用自己的玩具和他交换着玩。小猴子终于同意和小兔子交换玩具玩了。
小朋友们,小兔子终于借到小猴子的玩具遥控车了。所以,小朋友们想要借别人的玩具,是有很多方法的,可以说有礼貌的话,可以一起玩,也可以交换着玩。</td></tr>
<tr><td>结束语(衔接语,100字左右)</td><td colspan="4">小朋友,现在你知道怎样向别人借玩具了吧。当我们想要玩别人的玩具时,千万不能什么都不说就直接去拿,甚至去抢,这些都是不对的。我们要有礼貌、讲道理,这样才能借到玩具。</td></tr>
</table>

2. 各种安全标志的名称及含义

<table>
<tr><td>解说题目</td><td colspan="2">各种安全标志的名称及含义</td><td>解说对象</td><td>中班幼儿</td></tr>
<tr><td rowspan="3">解说语境</td><td>活动领域</td><td>社会</td><td>教材版本及册数</td><td>山东省幼儿园课程指导 中班·上</td></tr>
<tr><td>活动课题</td><td colspan="3">会说话的标志</td></tr>
<tr><td>活动环节</td><td colspan="3">展开部分</td></tr>
<tr><td rowspan="2">解说目的</td><td>目的 1</td><td colspan="3">让幼儿认识几种安全标志并懂得它们所代表的含义</td></tr>
<tr><td>目的 2</td><td colspan="3">让幼儿感受准确而精彩的语言魅力并潜移默化地提高幼儿的语言表达水平</td></tr>
<tr><td>辅助手段或教具</td><td colspan="4">PPT</td></tr>
<tr><td>导入语（衔接语，100 字左右）</td><td colspan="4">小朋友们，刚才老师给大家展示了一些不同颜色的安全标志，那你知道这些安全标志叫什么名字吗？它们代表什么意思呢？现在，我们一起认识一下吧。</td></tr>
<tr><td>解说内容主体（不少于 3 段，不多于 5 段，400 字左右）</td><td colspan="4">我们发现这些安全标志是由一些图像、颜色、形状或文字组成的。它们都代表了不同的含义。
小朋友们看，这是三个蓝色的正方形标志，里面有不同的图像。一个图像是白色的三角形，里面有个人走在斑马线上，这是提醒小朋友，过马路时不要乱走，要走人行横道才安全。另外两个图像中都画了一个人，我们都很熟悉，这是洗手间的标志，穿裙子的代表的是女洗手间，另一个代表的是男洗手间。这提醒我们去洗手间要看好标志牌，千万不能走错地方。
下面三个标志都是红色的圆形标志，它们都有一个红色圆圈，里面都有一道红色斜杠，但圆圈内图像不同。这个图像是一个人在行走，这叫禁止行人通行，告诉我们不能从此处行走，有可能会有危险。这个是一根烟被点燃的图像，我们在商场、医院都见过这个标志，它表示禁止吸烟，不准人们在这个地方抽烟。这个是一根火柴燃烧的图像，叫禁止烟火，说明这个地方有易燃物品，人们不能在这个地方玩火，否则会非常危险。
再看绿色标志，里面有个人正在下楼梯。这个标志叫安全楼梯，它提醒我们遇到危险时要走安全通道。
最后一个标志是黄色的三角形，里面有一个闪电的符号，叫小心触电，提醒大家这个地方有电，不能触摸它，否则很危险。</td></tr>
<tr><td>结束语（衔接语，100 字左右）</td><td colspan="4">小朋友们，你们都认识这些安全标志了吧？当我们看到这些标志时，我们要懂得这些标志所代表的含义，知道哪些事情能做，哪些事情不能做，这样才能够更好地保护自己。</td></tr>
</table>

3. 生活中怎样节约用水

<table>
<tr><td>解说题目</td><td colspan="2">生活中怎样节约用水</td><td>解说对象</td><td>大班幼儿</td></tr>
<tr><td rowspan="3">解说语境</td><td>活动领域</td><td>社会</td><td>教材版本及册数</td><td>山东省幼儿园课程指导 大班·上</td></tr>
<tr><td>活动课题</td><td colspan="3">节约用水</td></tr>
<tr><td>活动环节</td><td colspan="3">结束部分</td></tr>
<tr><td rowspan="2">解说目的</td><td>目的1</td><td colspan="3">让幼儿认识水的性质和用途,学会生活中节约用水的方法</td></tr>
<tr><td>目的2</td><td colspan="3">让幼儿感受准确而精彩的语言魅力并潜移默化地提高幼儿的语言表达水平</td></tr>
<tr><td>辅助手段或教具</td><td colspan="4">一杯纯净水、PPT</td></tr>
<tr><td>导入语（衔接语,100字左右）</td><td colspan="4">小朋友们,我们知道水对我们来说是非常重要的。我们生活中处处需要水,没有水我们就没办法生存。但是有的地方很缺水,所以我们要学会节约用水。今天老师就和小朋友们说一说,在生活中我们该怎样节约用水。</td></tr>
<tr><td>解说内容主体（不少于3段,不多于5段,400字左右）</td><td colspan="4">小朋友们,想要节约用水,需要我们从日常生活做起。现在,老师就给大家介绍一些节约用水的方法。
我们用水龙头时要开得小一点,用完水龙头后,记得要关严,否则水滴答滴答地流着,就浪费了。我们刷牙、洗脸时,不要让水龙头的水一直流,刷牙最好用口杯接水,洗脸最好用脸盆。洗澡时,小朋友最好用淋浴,而不是用浴盆洗。
小朋友们,你们知道吗？水是可以重复使用的,洗衣服的水可以用来拖地或冲厕所,洗菜、养鱼的水可以用来浇花。还有,小朋友们不要玩水,像水枪这样的玩具尽量少玩或不玩。下雨的时候我们可以用盆和桶接雨水,存着也可以用。总之,生活中节约用水的方法有很多很多。
小朋友们,水是生命之源,小花小草需要水,小动物需要水,我们人类也需要水。没有水,我们就没有办法生存。所以,我们从小就要保护水资源,学会节约用水。</td></tr>
<tr><td>结束语（衔接语,100字左右）</td><td colspan="4">小朋友们,今天老师和你们一块儿学习了节约用水的方法,希望我们每一个人在生活中时刻注意节约用水,也希望你们告诉身边的亲人、朋友,大家一起节约用水。</td></tr>
</table>

4. 火灾中怎样自救

<table>
<tr><td>解说题目</td><td colspan="2">火灾中怎样自救</td><td>解说对象</td><td>大班幼儿</td></tr>
<tr><td rowspan="3">解说语境</td><td>活动领域</td><td>社会</td><td>教材版本及册数</td><td>山东省幼儿园课程指导 大班·上</td></tr>
<tr><td>活动课题</td><td colspan="3">遇到火灾怎么办</td></tr>
<tr><td>活动环节</td><td colspan="3">展开部分</td></tr>
<tr><td rowspan="2">解说目的</td><td>目的1</td><td colspan="3">让幼儿懂得发生火灾时自救的方法</td></tr>
<tr><td>目的2</td><td colspan="3">让幼儿感受准确而精彩的语言魅力并潜移默化地提高幼儿的语言表达水平</td></tr>
<tr><td>辅助手段或教具</td><td colspan="4">PPT</td></tr>
<tr><td>导入语（衔接语，100字左右）</td><td colspan="4">小朋友们，通过看刚才的图片，我们知道火灾很可怕，它能烧掉我们的房屋、财产，甚至夺走我们的生命。如果我们身边发生火灾该怎么办呢？今天老师就给大家讲一讲发生火灾时我们应该如何自救。</td></tr>
<tr><td>解说内容主体（不少于3段，不多于5段，400字左右）</td><td colspan="4">大家一定要学会一些在火灾中自救的方法，来减少火灾带给我们的伤害。
火灾发生时，我们要冷静，不要慌乱，更不要到处乱跑。我们要在第一时间拨打火警电话119，报告失火的详细地址，在得到消防员叔叔的明确回答后，才可以挂电话。我们还要尽快把电源、煤气关掉，避免发生更大的爆炸。
如果火势很小，我们可以用水扑灭、用脚踩灭或者用厚的东西把火压灭。如果火势变大，我们应该用湿毛巾捂住口鼻，然后弯腰低头，摸着墙迅速离开。如果我们被困在了屋子里，要赶快躲到有窗户的卫生间里，用湿毛巾湿衣服把门缝堵住，不让浓烟进屋子，然后打开窗户，拿着最鲜艳的衣服大声呼喊："救命呀！"人们听到喊声就会来救你。如果火已经烧到身上，我们可以就地打滚，也可以用厚重的衣物压灭火苗。注意此时不要奔跑，而要大声呼救。
另外，在火灾发生时我们注意要走安全通道或者走楼梯，不能乘坐电梯，不能跟从人群相互拥挤，乱冲乱撞，要朝着明亮的地方或者外面空旷的地方跑去。在高楼层时尽量向低楼层跑，避免被大火封锁 。</td></tr>
<tr><td>结束语（衔接语，100字左右）</td><td colspan="4">小朋友们，现在你知道发生火灾时应该怎么做了吧？当火灾发生时，小朋友们千万不要慌张，要按照老师讲的自救方法保护自己，减少火灾给我们带来的伤害。</td></tr>
</table>

5. 端午节的由来与习俗

<table>
<tr><td>解说题目</td><td colspan="2">端午节的由来与习俗</td><td>解说对象</td><td>大班幼儿</td></tr>
<tr><td rowspan="3">解说语境</td><td>活动领域</td><td>社会</td><td>教材版本及册数</td><td>山东省幼儿园课程指导 大班·上</td></tr>
<tr><td>活动课题</td><td colspan="3">端午节</td></tr>
<tr><td>活动环节</td><td colspan="3">展开部分</td></tr>
<tr><td rowspan="2">解说目的</td><td>目的 1</td><td colspan="3">让幼儿了解端午节的由来,知道端午节有哪些习俗</td></tr>
<tr><td>目的 2</td><td colspan="3">让幼儿感受准确而精彩的语言魅力并潜移默化地提高幼儿的语言表达水平</td></tr>
<tr><td>辅助手段或教具</td><td colspan="4">PPT</td></tr>
<tr><td>导入语(衔接语,100 字左右)</td><td colspan="4">小朋友们,我们知道在端午节的时候要吃粽子,那你们知道为什么要过端午节吗?在端午节除了吃粽子,还有哪些习俗呢?今天,我们一起来认识一下端午节。</td></tr>
<tr><td>解说内容主体(不少于 3 段,不多于 5 段,400 字左右)</td><td colspan="4">端午节是中国的传统节日,农历的五月初五这天就是端午节。我们过端午节,据说是为了纪念伟大的爱国诗人屈原。
屈原是我国古代楚国人,他非常热爱楚国,楚王也很信任他,但是一些坏人很嫉妒屈原,就在楚王面前说屈原的坏话。楚王相信了坏人的话,就撤掉了屈原的官职,将他赶到很远的地方。后来,楚王中了敌人的圈套,楚国被强大的秦国打败了,楚王也被敌人抓住,最后死在了秦国。屈原虽然被免除官职、赶出国家,但他还是非常关心楚国。听到楚国被打败、楚王死的消息,屈原非常难过。几天后,他来到汨罗江边,跳到了江里面,被淹死了。楚国的百姓听说屈原投江自尽,都跑到江边,争着划船,打捞屈原。为了不让江中的鱼、虾、蟹吃掉屈原的身体,百姓还往江里扔饭团、倒雄黄酒。
屈原投江的这一天是农历五月初五,为了纪念爱国诗人屈原,这一天人们在江上举行赛龙舟比赛,家家户户吃粽子、喝雄黄酒。端午节除了这些风俗,有的地方还给小孩佩戴装满草药的香囊,在门上挂艾草和菖蒲,据说这样能够预防疾病,让家人平平安安。所以,端午节的风俗也是多种多样的。</td></tr>
<tr><td>结束语(衔接语,100 字左右)</td><td colspan="4">小朋友们,现在知道我们为什么过端午节了吧?就是为了纪念爱国诗人屈原。等放学回家后,小朋友们记得告诉爸爸妈妈,端午节都有哪些风俗,我们需要做什么等内容哦!</td></tr>
</table>

第三章 教育口语训练

教师是人类灵魂的工程师，担负着培养人、教育人的神圣使命。一名合格的教师，要全面履行教育职责，就要做到既教书，又育人。教育口语是教师育人的最直接、最有效的工具。因此，掌握并运用好教育口语是教师必须具备的一项基本功。

教育口语，是教师根据教育方针对学生进行思想品德及行为规范教育时使用的日常工作用语。它包括课堂教学过程中教育学生的谈话以及其他场合中的教育性谈话。运用教育口语必须以准确把握学生的心理特点为基础，必须讲究思想教育策略，不能浮于表面，徒具其形。

第一节　教育口语的语用特征

教育口语是教师从事教育活动的专门用语。众所周知，德育过程是教育者把一定的社会思想准则和道德规范转化为受教育者个体的思想意识和道德品质的过程，教师在这个转化过程中起着桥梁和传递的作用。因此，在这个过程中，教师的教育口语起着非常重要的作用。

积极的教育口语，有以下四个显著特征：针对性、说理性、情感性、诱导性。

一、针对性

教育口语的针对性有两层含义：一是教师要针对学生的思想实际经常对其进行道德行为规范的教育，做到防患于未然；二是要“对症下药”，当学生犯了错误的时候，教师要想到自身的义务和责任，批评教育学生时一定要得法，切忌简单粗暴，要循循善诱，以情动人，以理服人。

教师对学生实施思想教育，一般是在特定的时间、地点进行的，并且每一次谈话都有明确的指导思想和要达到的特定目的。在这个过程中，教师的语言要具有很强的针对性，这样才能引起学生的关注并产生教育效果。教育口语的针对性具体表现为以下几个方面：

（一）教育目标要明确

首先要制定明确的教育目标，其次要根据教育目标组织有针对性的教育口语。教师应在教育目标的指导下，用正确、科学的方法去教育学生。同时，教师还要注意在之后每一次具体的教育性谈话中，应根据具体的教育目标对学生进行针对性更强的思想教育。

（二）内容具有针对性

教育语言要有明确的指向性。教育内容要因人而异，因事而发，有的放矢，切忌文不对题或泛泛而谈。教师要针对教育对象的个性特点确定教育内容。比如，同样是表扬，当教师表扬那些一直表现较好且经常受表扬的学生时，语言可以简洁些，语气可以平淡些，同时要提醒受表扬者不要骄傲；而对平常表现一般，甚至很少受表扬的学生，教师在表扬时语言就可以丰富些，一定要用强调突出的语气，对他们进行充分的肯定，同时要给予充分的鼓励，帮助他们树立信心。教师在对学生进行集体教育时，还应针对群体特点，选择能为大多数学生所认同的内容，切忌抓住个别现象喋喋不休。

（三）形式具有针对性

教师的教育形式应适应不同教育对象的心理发展水平和个性特征（如个性心理和构成个性心理的客观因素——家庭环境、性别等）、认知水平（知识、能力）等。教师要善于把握学生的思想、行为活动规律，有针对性地施以谈话教育。例如，对低年级学生多使用表扬语，使之产生积极的作用。教育口语还要注意做到语词浅显、语句简短、语义明了，不要使用复杂的修辞手法。对高年级的学生要多采用沟通、启迪的教育方式，这样更容易被接受，同时用语要深刻丰富。

（四）注意时空的针对性

时空因素对教育性谈话也具有积极的作用，因此教师要注意针对时空环境组织教育口语。首先，要注意选择最佳时机，以便因势利导，取得事半功倍的效果。其次，要选择适宜的环境。因为人的情感容易受环境的影响。比如，幽静温和的氛围使人容易接受批评；充满欢声笑语的地方能缓解内心的郁闷情绪；庄重的场合能增强谈话的严肃性；温馨的家庭式环境能使人轻松自如，倍感亲切。因此，教师要针对不同的人和事，善于创设适宜的谈话环境，消除不利因素，使学生能轻松坦然地接受教育。

二、说理性

教育口语的核心在于一个“理”字，在教育活动中，对学生的说服、劝导或者批评都要以理服人，启迪、激励、表扬、批评也要以理为据。

教育口语的说理性主要表现为以下四点：

1. 话语内容实事求是，对客观事实进行细致的解剖分析，把握要害，明辨是非。

2. 评价、断定有充分的依据，并以新鲜丰富的知识吸引学生，不仅使学生明理，还使学生开阔视野、增长知识。

3. 措词准确，判断得当，推理严密，以强大的逻辑力量说服学生。

4. 语言表述讲究方式方法，或刚柔相济，或事理结合，根据学生的接受能力区别对待，力求明晰通俗，让不同的对象都能有所收获。

三、情感性

思想教育是一门说理的艺术，也是一种情感的艺术。教育有“理”的教化，也有“情”的感化。

教育口语的情感性，是指教师通过真诚的言谈和态势语，把健康的情感传递给学生，引起学生的感情共鸣，使其愉快地接受教师的教育，从而产生出人意料的、积极的教育效果，达到教育的目的。

教师该如何做，才能使教育口语充满情感性？具体来说，应该做到以下几点：

首先，教师应当是一个充满爱心的人，对学生具有强烈的情感，具备关心、体贴、尊重他人的品格，并具有真挚的、蓬勃向上的良好品质，并以此去感染学生。这样才能用真挚的情感感化学生的内心，学生才能向他敞开心扉。

其次，教师要带着积极向上的情绪与学生交谈，以关心学生的成长为出发点，与学生的情感保持一致。在举例、说理、评析时能设身处地地为学生着想，要让语言贴近学生的生活，符合儿童和青少年的心理特点，从而准确地传达教师对学生的关爱之情。

再次，教师还要注意根据教育对象的情感特点组织教育口语。不同情感类型的人，在情感方面会表现出各自不同的特点。教师在对不同情感类型的学生进行思想教育时，要深入研究各类学生的情绪和情感特点，对症下药，量体裁衣。比如，对于性格冷漠孤僻的学生，教师应多用真挚的、热情的语言去打开学生的内心；对于疏懒懈怠的学生，教师宜多用充满激情的、奋发向上的语言去激励。只有这样，才能实现以真挚的情感感染人、教育人的目的。

四、诱导性

帮助学生获得正确的思想认识并将其转化为具体的行动，是教育活动的根本目的。但是，把思想装进别人的脑袋绝不是一件容易的事情，灌输式的教育方式难以取得好的教育效果。因此，我们要摒弃刻板生硬的说教，而代之以循循善诱、点拨引导的教育方式，根据学生的思维习惯，采用灵活多样的语言进行诱导，促使其思考，鼓励其行动。

教育口语的诱导性主要表现为以下三点：

1. 讲究口语表达的渐进性。由表及里，由浅入深，循序而进；不急于求成，一说到底。

2. 讲究口语表述方式的灵活性。或简洁直陈，或含蓄委婉，或风趣幽默，利于学生接受。

3. 讲究口语表达的多样性。在充分尊重信任学生、对学生抱以极大的热情和诚挚的爱心的前提下，采用或严肃、或平和、或诙谐的谈话方式。时而轻声细语，如春风拂面；时而语重心长，句句动心，使学生坦然释怀、心悦诚服。切忌以盛气凌人的态度训斥、辱骂或恐吓学生，切忌以尖酸刻薄的语言讽刺、挖苦学生。

第二节　常用教育口语训练

本节为选学内容,如有需求,可以从本书编著者建设的国家级精品资源共享课“教师语言”中获取学习资源。

第四章
教研（说课）口语训练

除了教学活动和教育活动外，教师的工作中还有一个重要的活动——教研活动。教研是教学研究的简称，教研活动一般是集体行为，也可以是个体行为。开展教研活动离不开口语表达，因此，教研口语应当与教学口语、教育口语鼎足而立。说课是教研活动的形式之一，是最讲究口语表达技巧的教研活动。本章主要阐述说课的语用规律和表达技巧。

第一节　说课的性质和语用特征

“说课”诞生于20世纪80年代末，是由河南省新乡市红旗区教研室借鉴影视、戏剧在表演之前导演的“说戏”而形成的教研活动形式。经过多年的发展，说课的内容和形式基本定型，被广泛应用于学校集体备课和教学竞赛等活动中，很多地区将说课用在教师资格认定、教师职务晋升及教师聘用等方面。多数师范院校把说课作为职业技能训练项目之一，并以此对师范生进行训练和考核。

一、说课的性质与分类

（一）说课的性质

说课是一种教学研究和交流活动。具体表现为：教师就某一个教学课题或某一节课，在备课的基础上，以教育教学理论和课程标准为依据，向同行、专家或评委分析教材的内容及学生的知识与心理基础，阐述教学目标和教学方法，讲解教学过程的设计思路及其依据。

说课的主体是在职教师和师范生。

说课作为一种教学研究和交流活动，有以下几个特性：

1. 说理性

说课是一个充分而显性地运用教育理论的过程。说课中，教师（包括师范生）不仅要从微观上弄清、弄懂各知识点的内涵和外延，还要用大课程观念分析教材在教育教学中的作用，从宏观上准确把握某个课题或某节课的教学内容在本学科、本学年段的地位、作用以及知识结构体系，深刻理解各知识点之间的关系及其与学生成长、发展的关系，并从学生原有的基础和现有的困难两个方面分层次地、客观准确地分析学情，为采取相应的教学对策提供可靠的依据。

说课作为教师之间进行教学信息交流和对话的独特方式，是一种深层次的教学研究活动。说课要求教师必须以科学的教育理论为支撑，深入钻研课程，不断研究和丰富教学方法，并对教育现象和教学行为进行理性的思考。在说课活动中，不仅要说清教学构想，还要说清构想的理论与实际两个方面的依据，将教育教学理论与课堂教学实践有机结合起来，力求所说内容言之有理、言之有据。

2. 工具性

说课是教师交流教学设计的工具,过去没有说课这种活动的时候,教师之间也有交流,但这种交流达不到说课的深度,也没有较强的针对性。说课使教师得以和一些教育专家、众多优秀教师在一种思维活跃、形式简洁的活动中,以相互间的交流、沟通为主要形式进行教学研讨。同时,说课使很多好的经验在更大的范围内让大家共同分享,促进教师之间互相切磋、互相学习,使得所有的参与者能够共同提高,一起成长。可以说,在教师交流方面,说课发挥了不可替代的工具性作用。

3. 科研性

说课是一种教学研究形式。在说课活动中,教师用理性的思考、科学的眼光审视自己的教学行为,并将其理论化、系统化和严谨化。从这种意义上说,说课已由活动层面上升到科研层面,带有明显的科研属性。说课可以提高教师运用教育理论分析、研究实际问题的能力以及教育研究的水平,使教师超越感性和时空的局限,站在更高的层次上来思考问题。

说课把教育理论和教育实践结合起来,功在课下,利在课堂。说课作为教学与科研衔接的一个亮点,作为备课与上课的一条纽带,为教学反思和理论提升提供了一个简便易行的操作平台,能使教育实践从盲目走向科学。

4. 普适性和灵活性

每位教师(包括师范生)都可以说课,各级各类学校和教研机构都可以实施。因此,说课是对教学研究活动的充实和发展,是一种普及性很强的教学研究形式。教师对说课活动可以独立设计、实施和评价研究,也可以和其他研究者合作,通过相互之间平等的互动,来提高自己的教学研究能力。

5. 管理性

说课在学校管理中发挥了积极的导向作用,完善了备课的检查、监督和激励功能。教师通过语言将备课的思维过程表达出来,使更多的人直接感知说课者的思维过程,从而将教师的个体行为变成了群体行为。通过说课,学校对备课工作从终结性管理转化为过程性管理,实现了备课管理全程化,在学校管理中发挥了积极的调控、评价作用。说课拉近了领导、专家和教师之间的距离,把管和教两方面紧紧联系在一起,形成了一个相互帮助、相互激励的集体。

(二)说课的分类

从不同的角度,依据不同的标准,说课有多种分类。

1. 根据说课内容的广度,说课可以分为三种类型:课程说课、课题说课、课堂说课。课程说课,是对一门课程的性质与定位、教学目标、教学内容、教学模式与手段、考核与评价方式等进行说明和阐释。课堂说课,是对一节课(1课时)的教学目标、重点难点、教学方法、教学过程进行说明和阐释。课题说课,则是对一个教学课题的教学目标、重点难点、教学方法、教学过程进行说明和阐释,一般来说,课题说课的教学时间都超过1课时(多为2~3课时)。课题说课和课堂说课的区别不大,二者都是对某个教学课题的教学设计和实施进行说明和阐释。

2. 从服务于课堂教学的先后顺序来看,说课可分为课前说课与课后说课两种。课前说课也可称为预测性说课,课后说课则可称为反思性说课。

3. 从用途或价值意义的角度,说课可以分为以下三种类型:研究型说课、示范型说课和评比型说课。

(1)研究型说课

研究型说课,是教师集体以课堂教学工作中遇到的重点、难点或热点问题为主题,在进行一段时间的实践和探索的基础上,各自用说课的方式向其他教师(包括专家和领导)汇报其研究成果的说课方式。

(2)示范型说课

一般是指优秀教师,如教学能手、学科带头人或特级教师等先向听课教师和教研人员做示范性说课,然后让说课教师将课的内容付之以课堂教学,最后组织听课教师和教研人员对该教师的说课及课堂教学做出客观公正的评析。通过这种形式的教学研究活动,听课教师可以从听说课、看上课、讲评课中增长见识、开阔思路,并不断提高自己运用理论指导课堂的教学实践能力。

(3)评比型说课

评比型说课,是把说课作为教师教学评比的一个内容或项目,对教师运用教育教学理论的能力、理解新课程标准的准确度和深度、针对学生现状对教材进行的"二次开发"及其教学流程设计的科学性和合理性等做出客观公正的评判。它要求参与教师按指定的教材和课题,在规定的时间内写出说课稿,然后登台说课,最后由评委评出等级或名次。评比型说课既是发现和遴选教坛新秀的一种方法,也是促进教师专业发展与成长的有效途径。

师范生的说课一般包括课堂说课和课前说课(预测性说课)。求职应聘时的说课属于评比型说课。

二、说课的语用特征

语言运用的基本规律是适应语境。谈说课的语用特征,首先需要明确说课的类型。由于本教材主要服务于师范生,因此我们把说课的类型主要限定为课前说课(预测性说课)和评比型说课,以下阐述的语用特征基于上述两种说课类型。

(一)说课语言的"时态"是"将来时"

从时间的角度说,说课可以分为课前说课和课后说课,但是从说课活动的实际情况看,多数说课是在上课前进行的。说课是说设想而不是说结果,就是说,说课的时间属性是"将来时"。因此,我们在进行语言表述的时候,一定要注意说课的"时态"问题,不要把尚未实施的教学设计说成"过去时"。

用"时态"来指称说课的时间属性是一个比喻性的说法。"时态"是一个语言学概念,指的是动词在表示不同的时间概念时有不同的形态。比如,英语中同一个动词在表示现在、过去、将来三个不同的时间概念时会有不同的形态,即所谓现在时、过去时、将来时等。而汉语的动词没有时态的变化,汉语动词要表示不同的时间需要借助时态助词(着、了、过)和时间副词(正、正在、已、已经、将、将要)以及上下文来表现。

很多人在撰写说课稿时,不注意语言表述的"时态",讲述时就会给人以语言混乱、头脑不清的感觉。请看以下案例:

1. 面积和面积单位是概念课教学,全课小结时我采用了总结式,在回顾所学知识的同时,也使学生对这节课的学习内容有了完整的认识,并加以延伸。

2. 这一环节的教学,通过以读代讲的方式,采用"自由读""引读"等方法,让学生在读中体会、读中悟情,引导学生充分而有效地进行了阅读实践,让学生在读中增智,实现了在阅读教学中培养学生的语文素养。

上述两个例子都存在"时态"问题,都有"过去时"的特征。我们修改一下,使其符合"将来时"的要求:

1. 因为面积和面积单位是概念课教学,我将采用总结式话语进行全课小结。在回顾所学知识的同时,让学生对这节课的学习形成完整的认识,并加以延伸。

2. 这一环节的教学,我将通过以读代讲的方式,采用"自由读""引读"等方法,让学生在读中体会、读中悟情,引导学生进行充分而有效的阅读实践,让学生在读中增智,以实现在阅读教学中培养学生的语文素养的目标。

(二)说课语言使用第一人称

说课是说课者对自己的教学设计进行介绍和阐述,要以第一人称进行语言表述,因此代词"我"的使用频率是很高的。但是很多师范生在说课时为了追求所谓的科学性和客观性,不敢用或不会用"我设计了……""我的意图是……""我的目的是……"等表述方式,甚至把第一人称弄成了第三人称,这当然都是不合适的。

请看以下案例：

1. 本课的板书设计综合运用文字和简笔画，把学生在课文中找到的景象一一展现出来，充分给学生以美的体验。在读课文以后，让学生来进行补充、添画，这样的板书，既归纳了本课的重点，又激起了学生的学习兴趣，让学生在学习中得到展现自我的机会。

2. 此板书设计简单明了，通过对比让学生鲜明地感受到风对人类的作用：既有有利的一面，也有不利的一面。

以上两个"说板书"的例子中，对人称的运用都很含混，都有第三人称的特征，且都带有"自我表扬"的嫌疑，第一个例子还存在"时态"问题。我们修改一下，使其符合第一人称的要求：

1. 我的板书设计思路是：综合运用文字和简笔画，把学生在课文中找到的景象一一展现出来，给学生以美的体验。具体做法是：在读课文以后，让学生进行补充、添画。这样做既能归纳本课的重点，又能激起学生的学习兴趣，给学生以展现自我的机会。

2. 我的板书设计力图做到简单明了，通过对比让学生鲜明地感受到风对人类的作用：它既有有利的一面，也有不利的一面。

用第一人称进行说课，是所有说课类型的共同要求，大胆使用"我设计了……""我的意图是……""我的目的是……"等表述方式，既符合说课要求，也能充分显示说课者的自信。当然，有的人在说课时频繁使用"我认为"这样的词语也是不合适的，这样会给人过于主观、随意的感觉。

（三）说课要有开场白、结束语和过渡语

开场白、结束语和过渡语一般不出现在说课稿中，但是在说课的口语表达过程中是必不可缺的。

1. 说好开场白

说教材是说课的第一个基本环节，但是说教材之前通常都有一个开场白。开场白是说课的开端，是在陈述教学设想之前说的几句简洁的问候语和介绍语。不少师范生往往忽视这个环节，认为无关紧要。事实上，说课的开场白与课堂教学的"导入语"类似，一个恰当、简洁、自然、亲切或者有创意的开场白，能迅速吸引听者的注意。所以，有经验的教师十分重视说课开场白的语言组织与表达。

怎样组织说课开场白的语言呢？如果是考试或比赛，说课的开场白一般采用以下语言模式：

尊敬的各位老师(评委):上午(下午)好! 我是××号考生(或选手)。今天我说课的题目是××××,下面我将从教材分析、学情分析、教学目标、教学重难点、教学方法、教学过程和板书设计共七个方面介绍我的教学设计。

从这个语言模式我们看出,开场白主要包括问候语和介绍语两个要素,而介绍语又包括自我简介和说课环节简介。问候语中的称谓语和自我简介,可根据说课的性质和场合灵活调整。

开场白是说课的开端,一个语音清晰响亮、语气亲和自然且大气自信的开场白既能赢得听者的好感,又能激发自己的潜能,从而对整个说课过程的顺利进行发挥积极的作用。

2. 说好结束语

结束语一般有两种表述方式:一是简单告知说课结束并致谢,二是简要总结然后告知说课结束并致谢。

第一种方式一般只有两三句话。如:"以上就是我说课的全部内容,谢谢各位老师(或谢谢各位评委)!"

第二种方式话语略多,是先对自己的教学设计特色进行简要归纳总结,然后告知说课结束并致谢。这种方式的基本语言组织模式如下:

各位老师,根据教材特点和实际学情,依据课程标准和相关教育理论,我对《________》一课的教学目标、教学过程等进行了上述设计。我的教学设计以培养学生的________能力为教学重点,主要采用________的教学方法,以提高课堂教学效率并实现教学目标。我的说课到此结束,谢谢各位老师(或评委)!

显然,第二种方式比第一种方式要好,但是第二种方式的语言组织有较大难度:一是必须对自己的教学设计特色做出准确而简明的概括,否则就会给人以画蛇添足的感觉。二是必须控制在半分钟以内完成表述。也就是说,结束语篇幅必须控制在150字以内。师范生在说结束语时,一定要保持良好的心理状态,要给人以精神饱满、信心十足的感觉,千万不能虎头蛇尾。

开场白与结束语相呼应,一个是开头,一个是结尾。它们的共同点是语言都要简洁明快,都要给人以热情、自信的感觉。好的开场白会给人以华美开场之感,好的结束语则给人以完美收官之感。

3. 用好过渡语

过渡语也叫衔接语,是在两个话语内容之间起连接作用的简短语句。具体到说课上,就是在口头陈述时,在说课的各个环节之间,运用简短的语句进行过渡。比如,在说教材和说学情之间可以这样过渡:"以上是我对教材的分析,下面介绍我对学生情况的认识。”

对过渡语的作用，人们通常这样理解：过渡语承上启下，使前后相互衔接，形成一个有机整体。这样理解不能说不对，但是它更多的是对写作理论的借鉴和迁移。其实，像“以上是我对教材的分析，下面介绍我对学生情况的认识”这样的过渡语在书面的文稿中一般是不需要的，甚至是多余的，而在口头陈述中却有非常重要的作用。这样的过渡语，从口语表达的角度看，它的作用与其说是连接，不如说是分割，它是对持续较长时间的有声语言进行有机切分，其性质相当于书面文稿的分段。

一篇长达3000多字的文稿如果不分段，作为读者的我们是难以忍受的。一段长达10～15分钟的陈述性话语，如果听上去囫囵一片，则会让听者昏昏欲睡、倍感煎熬，产生严重的听觉疲劳，进而对话语内容产生排斥心理。说课不是叙事，无法用情节吸引人；说课不是说理，也无法用论证的逻辑力量征服人。说课主要是以解释、说明的方式陈述说课者的教学设计，有声语言形式难免平直、单调。在这种情况下，如果每隔一段时间就运用一些简短的过渡语提示说课的进度，形成类似于书面文稿的段落划分，那么，即便说课者缺乏抑扬顿挫的语言表现力，也会减轻听者的疲劳感。

说课中的过渡语犹如行进道路上的路标，既指示方向又提示进程，它能帮助听众清晰地感知话语的脉络，进而更好地接受话语内容。对师范生来说，在练习说课时，不要盲目追求所谓的“一气呵成”“浑然一体”。我们应该借助过渡语的有机切分，追求“层次分明”“脉络清晰”。

过渡语的言语要素有两点，一是“承上”，即对前面的内容稍加归纳；二是“启下”，即对下面的内容略做提示。过渡语一定要简短，不能啰唆；要注意语言形式的变化，不能总是“以上是什么什么，下面将如何如何”。

这里提供七个说课环节之间的过渡语，请参考使用。

说课过渡语的基本模式：

1. 说教材和说学情之间：

以上是我对教材的分析，下面介绍我对学生情况的认识。

2. 说学情和说教学目标之间：

各位老师，在教材和学情分析的基础上，依据课程标准，我对本课题的教学目标设定如下。

3. 说教学目标和说教学重难点之间：

确定了教学目标，教学重点也就容易把握了。我对本课的教学重点以及教学难点认识如下。

4. 说教学重难点和说教学方法之间：

要实现教学目标，攻克教学难点，完成重点教学任务，就需要选择合适的教学方法。

5. 说教学方法和说教学过程之间：

目标的实现与方法的运用，需要落实为具体的教学安排。下面向各位老师介绍我的教学过程设计。

6. 说教学过程和说板书设计之间：

各位老师，我的教学过程设计就说到这里，最后简要说一下我的板书设计。

需要说明的是，以上过渡语是基于有 PPT 辅助的情况下设计的，但是有些时候可能无法使用 PPT，那么应该怎样运用过渡语呢？答案是：需要用较多的过渡语。道理很简单，因为 PPT 本身就有提示说课内容转换的作用，所以有 PPT 时，过渡语尽量简洁，比如"第×个"这样的词语一般就不需要说了。如果没有 PPT 辅助，自然就需要较多的过渡语了。

另外，除了说课的各个主要环节之间需要过渡语，在说教学过程的各个小环节之间也需要运用适当的过渡语。

过渡语的语气和语调要与主体内容的表达形成较为鲜明的区别，一般应给人一种舒缓、放松的感觉。如果说主体内容的表达是"张"，过渡语则应该是"弛"，一张一弛，张弛有度，语流就有了节奏变化，语言也就有了美感。

（四）说课语言综合使用说明和说理两种表达方式

从一定意义上来说，说课稿就是一篇说明文，内容是说明某一教学课题或某一节课的教学思路及教学过程设计。所以从总体上说，说课语言运用的主要是说明这种表达方式。但是说课不仅要说出"是什么"，还要说出"为什么"，即说出教学设计的依据，这就必然要用到说理的表达方式。当然，从篇幅上看，说明的成分要远多于说理。不同的语言表达方式需要不同的口语形态，在讲述说明性质的内容时，语气要客观平和，语速稍慢，语调平稳，要给人以层次分明、脉络清晰的感觉。讲述说理性质的内容时，则需要注重语流的节奏变化，有明显的顿挫感，语气也要有力度、有感情。

需要重点强调的是，说课以说明性语言为主，不像演讲那样讲究修辞和辞彩，不像演讲那样有逻辑力度和感情强度，所以在口语陈述时很容易语气平淡、语调平直。因此，在口语表达时，一定要尽量挖掘词句之间的变化因素（包括说明和说理之间的变化因素），努力调控有声语言高低、强弱、快慢的变化，使口语形式富有节奏感。

（五）说课不能使用自我评价语（不能自夸）

有的人在阐述教学设计依据的时候，由于不注意语言的表述方式，把依据说成了评价，给人以“王婆卖瓜”的感觉。这类问题的出现与“时态”的错误表述有关，也与对教学效果的“想当然”有关。也就是说，有的人想当然地认为自己的教学设计一定能取得良好的教学效果，就把这种美好愿望当作已经出现的结果给讲了出来，这种“自卖自夸”的方式当然是不合适的。这个问题处理起来难度并不大，处理的方式有两种：

一是把想象的效果和教学目标联系起来，把期待的效果转化为目标的实现来陈述。这种方式适用于某个教学步骤或某个重大教学安排的教学效果的处理。比如前面讲“时态”问题时用过的第二个例子：

原稿：

这一环节的教学，通过以读代讲的方式，采用“自由读”“引读”等方法，让学生在读中体会、读中悟情，引导学生充分而有效地进行了阅读实践，让学生在读中增智，实现了在阅读教学中培养学生的语文素养。

修改稿：

这一环节的教学，我将通过以读代讲的方式，采用“自由读”“引读”等方法，让学生在读中体会、读中悟情，引导学生进行充分而有效的阅读实践，让学生在读中增智，以实现在阅读教学中培养学生的语文素养的目标。

二是用“我的意图是……”“我希望……”等句式，把所谓的效果转化为期待。例如：

原稿：

……追问学生的数数方法，引导学生体会“十个十个数”的方法。在快乐的学习中，学生将自认为自己“创造”了数数的方法，有了成就感和自豪感，“数群”思想将不知不觉渗透到学生的脑海中。

修改稿：

……追问学生的数数方法，引导学生体会“十个十个数”的方法。我的意图是让学生在快乐的学习中，认为自己“创造”了数数的方法，产生成就感和自豪感，从而使“数群”思想在不知不觉中渗透到学生的脑海中。

需要注意的是，把教学效果转化为教学目标的实现也好，转化为教学期待也好，都不能夸大其词、言过其实。

（六）说课语言运用的心理调适

人的任何行为都跟心理有关，语言是人类思想的物质外壳。所谓言为心声，语言的运用与人的心理更是密切相关。我们在运用语言的过程中，为了取得良好的表达效果，对自身的心理状态需要进行适应性调整，这种调整我们称之为语言的心理调适。以对行为效果的影响为标准，人的心理状态可以分为最佳心理状态、一般心理状态和不良心理状态三种。我们的目标是努力把说课语言运用的心理调整到最佳状态。

不同性质的行为呈现出不同的心理特点，心理调适要根据行为的性质来进行，不能盲目。那么，说课是哪一种性质的语言行为，需要怎样进行心理调适呢？

1. 说课不是讲课，二者之间最显性的区别就是言语对象不同，讲课面对的是学生，说课面对的则是老师或评委、同行或同学。一般来说，讲课者（教师）面对学生，在心理上是有明显的优越感的，这种优越感源于知识和阅历的代差；说课者面对老师或评委则存在反向的差距，面对同行或同学也不会有优越感，说课者面对老师或评委、同行或同学自然就会产生心理压力，甚至会感觉自己破绽百出、一无是处，从而紧张不安、表情僵硬、手足无措。在这种情况下如何进行心理调适呢？应该说，只要说课者认真对待说课这一学习任务，其压力和紧张就不可能完全消除，只能是缓解。而缓解心理压力和紧张情绪的基本途径就是充分准备，即正式说课前反复锤炼说课内容并反复试讲，不能仓促上阵。说课者准备得越充分，其自信心就会越强，胸有成竹，自会神态从容、气定神闲。

需要注意的是，说课虽然不是讲课，但是在说课过程中需要适度展示教学语言和教学技能，这就产生一种身份转换的心理调适需要。即说课者（特别是师范生）必须把自己想象成教师。换个角度说，虽然说课者面对的是老师或评委，但是在展示教学语言和教学技能时，说课者要把他们想象成学生。

说课中，这种因展示教学语言和教学技能带来的身份变化类似于一个人要同时扮演两个戏剧角色，这无疑增加了说课者心理调适的难度。尤其是学前专业的师范生，由于面对幼儿说话和面对老师或评委说话的口语形式反差太大，在遇到这种身份转换时，口语形式往往转换不好，要么找不到对幼儿说话的感觉，要么使整个说课的口语形式都带有面对幼儿说话的感觉。这就需要说课者在平时的训练中加大对这种身份转换的口语表达练习力度。

其实，说课中这种身份的变化对说课者的口语表达是一个极为有利的因素。因为如前所述，说课以说明性语言为主，在口语陈述时很容易语气平淡、语调平直，所以这种身份的变化就给口语表达形式的变化提供了条件。因此，在组织说课内容和说课表达时一定要用好这个变化因素。

2. 说课不是朗诵，说课的话语内容缺少感情因素，但是又需要让听者感觉有感情。从根本上说，说课者的感情源于对教育的热爱，具体表现为对教材内容的浓厚兴趣、对教学过程设计的成就感以及实现教学目标的满足感等。所以，说课时挖掘、激发上述感情因素，是保证说课感人、动人，进而保证说课成功的重要手段。

3. 说课不是演讲，说课的话语内容缺少论证的力度和以理服人的强度，但是成功的说课又往往让听者感觉充满理性的光辉。虽然说课以说明为主要表达方式，但是也有较多说理的话语成分。更重要的是，无论是教材分析、学情分析还是教学目标、重难点的确定以及教学过程的设计，都隐含着教育学、心理学的理论知识。因此，说课虽然不是演讲，但是应该充分借鉴演讲的心理感觉，不能只是呈现，也要说服。

4. 说课应该如同艺术作品推介。优秀的讲解员在推介艺术作品时，其语言的趣味性和煽情性往往令人心潮澎湃。师范生在说课时，应该借鉴这种表达方式，从心理调适的角度说，就是调动起对自己设计的说课内容的自豪感和自信心——自己的教学设计就是一件完美的艺术作品或产品。由此，说课者可以激发出以下几种心理感觉：通过自己的分析，教材就是一处极富美感的风景；通过自己的分析，学生就像一群渴求知识的天使；通过精心的设计，自己的教学过程的安排、教学方法的使用、教学重难点的突破以及教学目标的实现就像一部精彩的电影。有了这种心理感觉，说课将会变得感人、动人，甚至令人陶醉。

（七）说课的态势语要求

1. 说课时的表情要自然、和悦，大部分时间应该面带微笑。说课者在说课时，若能面带真诚的微笑，不但会使听者心生愉悦之感，说课者自己也会处在轻松愉快的状态。这样不仅能使自己储备的知识和准备好的内容得以出色地表达出来，有时还能激发出备课时没有想到的灵感。反之，如果说课者在说课时板着脸，摆出一副或严肃或冷漠的表情，那么，这严肃冷漠的表情也会反作用于自己的心态，他的心境就变得紧张而沉重，进而影响说课效果，使本来准备好的内容讲得干巴巴的，更不可能会有什么临场发挥。

2. 说课时眼睛要看着老师或评委，但不要长时间盯着其中的某一位。使用PPT时不要长时间看着屏幕。在展示教学语言和教学技能时，可以把身体和视线转向侧前方或侧前下方，想象学生就在那个位置。

3. 说课时必须使用手势，但是不要频繁使用。使用的手势要有变化，不能太单调。

4. 说课时可以左右、前后走动，但是移动幅度不要过大（一到两步即可），更不能频繁走动，站位以稳定为主。

第二节 说课各环节语用技巧

基于小学、幼儿园教师资格面试和招聘面试中对说课的要求，结合师范生实习备课的一般规律，我们把说课分为10个环节，即说教材、说学生（本节所用“学生”一词，既指小学生也指幼儿）、说教学目标、说教学重难点、说教学法、说教学准备、说教学时间、说教学过程（本节所用“教学”一词，既指小学的教学也指幼儿园的教学活动）、说板书设计和答辩。下面逐一阐述说课各环节的语言运用规律和表达技巧。

一、说教材的语言组织与表达

说教材是说课的第一个基本环节，说教材就是说课者在认真研读课程标准和教材的基础上，阐述自己对教材的理解和分析，即说明课题的教学内容、所教内容在教学单元乃至整个教材中的地位和作用，以及与其他单元或课题乃至其他学科的联系等。

说教材就是要全面正确地理解教材，以达到两个目的：一是确定学习内容的范围与深度，明确“教什么”；二是揭示学习内容中各项知识与技能的相互关系，为设计教学顺序打下基础，知道“如何教”。具体内容可包括以下几个方面：

1. 说出课题在单元教材中的地位与作用

要指出所说课题的出处及课题所在单元的结构性质与其他相关知识的纵横关系。比如，该单元的教学目标是以“质疑”为主线，那么所设计的内容是教学生怎样质疑还是要求学生独立对文本进行质疑，就必须明确说出来。

2. 突出说课者对所教课题的独立见解及教学设计的基本依据

教材是实施课堂教学的最基本依据，也是说课的基本依据。同一课题，不同的教师在理解和处理上会有所不同，说课者只有对教材理解得深刻到位，才能制订较为完备的教学方案，才能为课堂教学的实施提供前提条件。教师在说课时，要充分表达自己对本课题的见解。

3. 说出课堂教学的落脚点

教师有时要侧重培养学生“说”的能力，有时要侧重培养学生“写”的能力或“计算”的能力等。在说教材时，要说出如何借助教材开展对学生的能力培养。

二、说学生的语言组织与表达

说学生也可以称之为“说学情”。学情分析包括两个方面:一是对学生的分析,二是对校(园)情的分析。说学情的要点包括:说学生的年龄特点、思维持点、知识储备层次以及班组学生的独特之处等。

说学生是为了找到适应教育对象的教学方法,并提出相应的学法指导。说学情最忌空泛,应根据所说课题的学科性质和学习时段,有针对性地分析学生是否具备学习该课题的心理基础、知识经验和学习能力以及学习时可能遇到的困难。

三、说教学目标的语言组织与表达

教学目标是课堂教学的起点,又是课堂教学的归宿,是检查教学效果的标准和尺度。“说教学目标”是说课的核心内容,它影响着说课的走向,也是评价说课水平的重要依据。

教学目标必须要反映学生通过一段时间的学习所产生的行为变化或学习水平,因此,目标的陈述必须从学生的角度出发,行为的主体必须是学生,目标应该围绕“学生在学习之后能干些什么”或者“学生将是什么样的”来描述,必须描述所期望的教学成果。

通常教学目标的制定都是结合新课标的三维目标来完成的,三维目标即知识与技能目标、过程与方法目标、情感态度和价值观目标。

设计教学目标必须重视以下三个方面的依据:

(一)课程标准是设计教学目标的根本依据

说教学目标,必须清晰了解学科的课程标准、教学的总目标和各年级阶段的分目标。掌握了这些,在具体说教学目标时就有了很好的理论基础。但在具体说课的过程中,要在充分“吃透”课程标准的基础上,根据实际情况来确定明确的、具体的三维教学目标,避免所说的目标内容“全”而“空”、要求“高”而“大”。比如在说语文的情感态度与价值观目标时不能笼统地表述,要具体到哪种情感态度和价值观。比如,说“培养学生的民族精神”就显得非常空泛,应结合文本,具体说明应培养学生诸如吃苦耐劳的民族精神还是刻苦进取的民族精神。

(二)教材的重难点是制定教学目标的重要依据

无论是传统课程的教学还是新课程的教学,都要用教材教。尤其是自然学科,教材内容与教学目标的对应比较明显,教学的重难点是什么,学生要掌握什么、要训练什么以及要达到什么程度,都可以根据教材内容来确定。

(三)学生的学习状况是设计教学目标的必要依据

适合学生的教学,才有可能成为最好的教学。所谓适应学生的教学,也就是在原有基础上提出新的可以达到教学目标的要求。受主观因素、学习环境和学习方法的影响,学习者在客观上会存在差别。如果不及时纠正,这种差别就会随着学习时间的延伸而扩大。所以,在设计教学目标时,要十分重视学生的学习现状。否则,教学目标不是太高就是太低,就会造成说课效果大打折扣。

在表述教学目标时,指向性要明确。教学目标是规定"做什么""怎么做"和"做出怎样的结果",所以指向性一定要明晰,明晰到好操作,明晰到能够以此作为依据,来检测学生学习的情况。说教学目标的语速不要太快,口语表达要有层次感,说完一条,要稍做停顿,再说下一条,给听者留下一定的思考空间。

四、说教学重难点的语言组织与表达

成功的课堂教学有一个明显的特征,那就是突出重点、突破难点。

教学重点就是教学中要着力解决的问题。一节课内,首先要保证重点内容重点讲,要紧紧围绕重点,以它为中心,引导启发学生对重点内容的理解,做到心中有重点,讲中突出重点。

教学难点就是大多数学生不易理解和掌握的知识点。这些知识点一般比较抽象、离生活较远或者比较复杂,进而导致学生难以理解和掌握。在教学实践中常见的教学难点有三种:第一种是与教学重点相同的教学难点,它既是教学的重点,又是教学的难点,对其处理的方式是"攻坚";第二种虽然并不是教学重点,但它是与重点有着直接关系的教学难点,对其处理的方式是"淡化";第三种是与教学重点无关或没有直接关系的教学难点,对其处理的方式是"回避"。确定教学难点,要依据教材知识体系和学生的认识能力以及教学条件等,并要具体分析教学难点和教学重点之间的关系。备课时要根据教材内容的广度、深度和学生的基础来确定,一定要注重分析,认真研究,抓住关键,突破难点。

教师要在课程标准的指导下,依据学生的生理、心理特点以及实际生活经验来确定教学重点和难点是什么。这是教师在教学活动中投入精力最大、付出劳动最多的地方,也是衡量教师教学深度和教学水平的标志。因此,教师在说课时既要简明扼要地说明确定教学重点、难点的依据,更要说明突出教学重点和突破教学难点的基本策略,也就是要从知识结构、教学要素的优化、习题的选择和思维训练、教学方法和教学媒体的选用以及反馈信息的处理和强化等方面，说明突出教学重点和突破教学难点的步骤、方法和形式。

五、说教学法的语言组织与表达

说教学法包括两个方面：一是说教法，二是说学法。要从教材的实际出发，从学生的实际出发，遵循学生掌握知识过程中“由浅入深、循序渐进、由感性到理性”的认识规律，依据“主体参与、分层优化、及时反馈、激励评价”的十六字原则，理论联系实际的原则以及传授知识和发展能力相结合等教学原则来确定教法和学法。

（一）说教法

教学方法的确定，要综合考虑教学内容、教学目标和学生的认知等多方面因素。科学有效的教学方法应当具备以下几个特征：

1. 具有科学性，确保学生正确领会和系统掌握知识。

2. 符合教育教学规律，符合学生身心发展规律，能有效激发学生的学习积极性。

3. 有利于培养学生发现问题、分析问题和解决问题的能力。

4. 有利于培养学生良好的情感态度和正确的价值观。

说教法既要说明确定了什么样的方式、方法，更要说出为什么采用这些方法。主要从素质教育的有关理论、学科特点、学生特点、教师特点、教材及设备等方面来说明。具体来说，应该说出以下内容：

1. 根据教学内容宜采用哪些教学方法，以及这些教学方法的具体实施要点。

2. 突出重点、突破难点，并提出激发学生兴趣点的具体措施。

3. 授课时所遵循的教学原则，要注意体现“以学生为主体”“培养学生自主学习的意识”等教学理念。

4. 运用哪些教学手段（如教学课件、多媒体技术等）提高课堂教学效果，以及这样做的理由。

（二）说学法

学法是指学生获取知识、形成能力的方法。说学法就是要说出教给学生怎样的学习方法，培养他们哪些自学能力。

在具体确定学法时，要符合以下几个方面的要求：

1. 了解学情，适应学生的心理发展水平，有针对性地选择学法。

2. 把传授学法知识同培养能力、习惯结合起来。

3. 集体指导与个别指导相结合。

4. 智力因素与非智力因素相结合。

说课时要尽量说清以下四个方面：

1. 分析学生在教学过程中可能出现的障碍及其原因。

2. 说清在教学过程中指导学生掌握何种学习方法。

3. 根据学生的年龄特点和认知规律，说清准备创设何种教学环境和条件来保证学生在45分钟内有效地进行学习。

4. 说清学法怎样与教法和谐统一。

六、说教学准备

教学准备既包括教师准备，也包括学生准备。教师准备主要指教具的准备，要说清采用哪些教具及其使用方法。选择教具的依据，一般从教学目标、教材内容、学生年龄、学校设备和教具的主要功能等方面做出解释说明。学生准备，主要指学生提前做的预习或是为了达到教学目标而提前做的各项准备。

七、说教学时间

说教学时间就是说明所说课题需要的教学课时数或时间长度。

八、说教学过程的语言组织与表达

所谓教学过程，就是指教学的系统展开，它表现为教学活动推移的时间序列。通俗地讲，就是教学活动是如何发起的，又是怎样展开的，最终又是怎样结束的。说教学过程是说课的重点部分，因为这一部分能充分反映说课者的教学理念、教学风格和教学特色。说教学过程要说出对教学过程的整体安排，要说出课题如何导入、新课怎样展开等。说教学过程不是宣读教案，更不应成为课堂教学的浓缩，应省略具体细节而着重说清教学过程的基本思路及其理论依据。

说教学过程大约占全部说课时间的1/2，文稿篇幅一般是1500～2000字，讲述时间为6～8分钟。因此，说教学过程的语言组织任务比其他任何一个说课环节都要重。应该怎样组织说教学过程的语言呢？

说教学过程包括两个方面的内容：一是介绍教学的基本步骤和安排，二是阐述教学步骤和安排的设计依据。换句话说，就是要说出教学如何开展和为什么这样开展。下面，就从这两个方面来认识说教学过程的语言组织的基本要求。

（一）介绍教学步骤和安排的语言组织的基本要求

从说课的语用特征出发，根据师范生说课的实际情况，我们认为，介绍教学步骤和安排的语言组织主要有以下四个方面的要求：

1. 给教学步骤起个好名字。一般来说，一堂课的教学过程应该安排 3 个以上的教学步骤，本教材关注的是用什么样的词句来表述这些步骤。我们给大家的建议是：给教学步骤起个好名字，即我们应该给每一个教学步骤拟定一个既能准确概括步骤内涵，又简明醒目且富有特色的名称。

以小学语文说教学过程的第一个步骤为例，就有多种比较讲究的说法。如"激趣导入，引出课题""复习导入，进入角色""创设情境，激趣阅读""质疑问难，激趣读文""联系生活，激趣导入"等。这些说法都值得我们借鉴，当然也不能胡乱套用。对教学步骤的命名，我们要从具体教学课题的内容和教学过程设计的特定思路出发，对具体措辞反复琢磨和锤炼，努力做到特色鲜明又名副其实，不能徒具其形、大而不当、言过其实。

2. 从实施教学方法的角度表述教学步骤和教学安排。教学步骤是教学过程的总体框架，在每个教学步骤之下，是具体的教学活动安排。从内容构成的角度说，教学步骤和教学安排的设计是教学方法的实施过程；从语言组织的角度看，教学步骤和教学安排是说课者确定的教学方法的展开表述。

3. 紧扣教学重点和教学难点介绍教学安排。一堂课的教学步骤和教学安排是围绕着教学重点进行设计的，说教学过程不是事无巨细、面面俱到的，自然应该重点介绍那些解决教学重点和难点的教学安排。

从语言组织的角度来看，说教学过程应注意以下三点：首先，教学步骤的名称就应该鲜明地显示出教学重点；其次，介绍重点教学步骤和教学安排的语言篇幅要远远超过非重点；第三，在具体词句的使用上应该鲜明地标示出教学重点和难点。例如，可以使用下列语句来标示："这个教学步骤是本课的重点""这个教学安排是为了解决本课的教学难点""为了完成本课的教学重点任务，我设计了以下教学活动""为了突破本课的教学难点，我将安排如下教学活动"等。

总之，在介绍教学步骤和教学安排时，在语言表述上一定要照应自己所确定的教学重点和教学难点，给人以前呼后应的整体感。

4. 要适度安排教学语言和教学技能的展示。说课不是讲课，但是说课又是服务于讲课的。说课应该既要让听者明白教学设计的基本思路和理论依据，也要让听者感受到教学设计的具体形态。因此，在说教学过程的时候，对于那些精心设计的精彩的教学语言段落应该适度展示。如别具一格的导入语、核心知识点讲授语、独出心裁的提问语、富有启发意义的结束语等。

教学语言展示既是为了展示教师课堂教学的基本能力，也是为了把设计思想落到实处，让人直观地感受到设想中课堂教学的状态，避免给人以"说来头头是道,做时一塌糊涂”的印象。

同样,说教学过程中也应该适度展示教师教学语言能力之外的其他教学技能,如书写技能、美术技能、音乐技能、运动技能等。需要注意的是,在展示这些技能的时候,应该同时伴以语言的解说,努力做到边写边说、边画边说、边做边说。这样做主要是为了避免给人以“能做不能说”的误解,同时也能提高说课的效率,在有限的时间里尽可能地说出更多的话语,传递更为丰富的信息。

(二)阐述教学设计依据的语言组织规律

阐述教学设计依据的语言组织主要有以下三个方面的要求:

1. 阐述教学设计依据,要说出对教育学、心理学、课程标准以及相关学科的理论运用。

2. 阐述教学设计依据,要说出所要实现的教学目标。

3. 阐述教学设计依据,因处于不同的位置而使用不同的语言表述方式。

一般来说,介绍教学步骤和安排这一环节是按照课堂教学的时间顺序进行的,教学设计依据的阐述与之相伴而行。阐述教学设计依据,既可以在介绍教学步骤与安排之前进行,也可以在之后进行。

(1)如果教学设计依据的阐述在介绍教学步骤与安排之前,一般应该使用这样的语言表述方式:“根据(依据、为了、考虑到)……我设计了(我将安排、我将进行)如下教学活动……”

(2)如果教学设计依据的阐述在介绍教学步骤与安排之后,则一般用下面的语言表述方式:“这个教学步骤的设计意图是……”“安排上述教学活动的目的是……”“因为……所以设计上述教学活动”等。

阐述教学设计依据这一环节,因为处于或前或后不同的位置,在语言表述上采用不同的表述是其语言运用的基本要求。同时,诸如“根据”“依据”“考虑到”“意图是”“目的是”“是为了”等词语是阐述依据的常用词语,使用这些词语既是语言表达的基本需要,也能起到鲜明的提示作用,可以使听者明确地意识到,在这些词语出现之后,说课者要阐述设计依据了。因此,在说课时要注意这些词语和相关表述方式的正确使用。

(三)说教学过程口语表达的基本要求

说教学过程的语言形式包括三种:一是介绍教学步骤和教学安排的说明性语言,二是阐述教学设计依据的说理性语言,三是展示性质的教学语言。三类语言形式的口语表达要求如下:

1. 介绍教学步骤和教学安排的口语表达要求

对教学步骤和教学安排的介绍,是对具体的教学活动、教学行为的客观呈现。从语言表达方式上来看，它以说明为主，兼有叙述、描述的特点。因此，语气要客观平和，语速稍慢，语调平稳，语感应该突出条理性，要让听者感到思路清晰，重点突出。从说课者的心理上来说，要以热情推介的心态信心十足地进行讲述。

2. 阐述教学设计依据的口语表达要求

阐述教学设计依据的语言表达方式虽然主要也是说明，但它说明的不是具体事物、具体行为，而是事理，是对教学步骤和教学安排背后所蕴含的道理进行的剖析和阐述，因此具有鲜明的说理性。而且，阐述教学设计依据的语言表达方式，也兼有议论和抒情的成分。因此，口语表达时，要有成竹在胸的高度，要有以理服人的气度；语流要做到节奏分明、顿挫感强；语气要有力度、有感情，不要柔和疲软。

3. 展示教学语言的口语表达要求

展示教学语言的意义前面已经讲过，我们不再重述。这里要强调的是：如果展示教学语言想要取得良好效果，就必须使所展示的教学语言的语音形式与说课的整体语音形式有鲜明的区别，这种区别类似于讲故事中的叙述语言与人物语言的区别。之所以要有这种区别，是因为说话对象的不同：教学语言是说给小学生或幼儿听的，而说课从总体上是说给老师和同学听的。

九、说板书设计的语言组织与表达

在小学的课堂教学中，板书是一种被普遍采用的教学手段。因此，说课一般都要说板书设计。但是需要注意的是，说板书设计在整个说课过程中占时很短，一般在 1 分钟左右。所以，说板书设计的语言一定要简洁。

说板书设计一般是在说教学过程之后进行的。为了节省时间，一般是以图片的形式直接呈现出来，这种呈现有的是用单幅图展示完成后的板书，有的是使用多幅图按教学时间顺序分步骤展示板书。当然，也有现场板书的。

说板书设计的语言要素包括三个方面：板书的内容与类型说明、板书的步骤与结构说明、板书的设计依据（设计意图）说明。说板书设计的三个方面的语言内容，在进行口语表达的时候要注意加以区分："板书的内容与类型说明"和"板书的步骤与结构说明"具有描述性质，要有条不紊地讲解，语速稍慢，语气略显柔和；"板书的设计依据（设计意图）说明"具有说理性质，表达时应语速适中，语气的力度感要强一点。

十、答辩语的语言组织与表达

说课活动除了说课者的独白陈述外，一般还会安排一个答辩环节。就是在说课者独白陈述结束之后，评课者会针对说课者陈述的内容提出一些问题，让说课者回答，其形式类似于论文答辩。

在师范生说课活动中安排答辩环节，其目的主要有以下几个方面：

1. 考察说课者是否真正掌握了所说的内容，就是看说课者是不是机械地背诵说课稿。

2. 考察说课内容是否为说课者自己设计，避免抄袭、照搬他人现成说课稿的现象发生。

3. 考察说课者的语言素质，主要考察说课者语言的听辨理解能力和语言的现场组织及表达能力。

4. 考察说课者的心理素质，主要通过说课者的语言应对情况，考察其是否具备沉着、自信、灵活的心理素质。

5. 考察说课者教学设计的潜力，就是针对说课者所陈述的内容中的不足、疏漏或错误进行发问，考察说课者能否认识到相关问题的存在以及有没有纠正问题的思路，从而考察其是否具备提高教学设计水平的潜力。

针对答辩的上述目的，答辩时应该注意以下几点：

1. 提前准备答辩语素材。即对自己的陈述内容提前进行模块化拆分，达到可以随意组合的熟练程度，不要总是“整体思维”，防止一改变顺序就“无从说起”。

2. 要防止“答”与“说”相脱节。答辩的话语内容要多使用说课稿中的素材，尽量不要“另起炉灶”，否则容易出现“无米之炊”的困难。

3. 要认真听评课老师的问题，弄清问题的重点，防止答非所问。必要时可以请教提问你的那位老师：“老师，您的问题是不是可以这样理解……”

4. 答辩语言要简洁、概括，不要大段重复已经陈述过的内容。

5. 关于答辩语表达的语气和语调，要注意在谦和与自信之间找到一个平衡点。总的来说，答辩语比独白陈述的语气要柔和一些，语速要稍慢一些。

6. 答辩时的视线主要集中于提问的老师，同时也要兼顾其他评委老师。要努力做到始终面带微笑，手势要尽量少用。

说明：如有需求，可以从本书编著者建设的国家级精品资源共享课“教师语言”中获取说课口语案例等相关学习资源。